NEW CLASSIC SERIES

私たちの信仰告白 使徒信条

J・I・パッカー 著
稲垣 博史 訳

いのちのことば社

Affirming the Apostles' Creed

Published by Crossway

a publishing ministry of Good News Publishers

Wheaton, Illinois 60187, U.S.A.

This edition published by arrangement

with Crossway.

ジム、トム、エリザベスに。

この三人は言葉よりも、むしろ自分たちの在り方によって、与えられている力を、私に分けてくれました。

目次

我は天地の造り主、全能の父なる神を信ず。
我はその独《ひと》り子《ご》、我らの主、イエス・キリストを信ず。
主は聖霊によりてやどり、おとめマリヤより生まれ、
ポンテオ・ピラトのもとに苦しみを受け、
十字架につけられ、死にて葬られ、陰府《よみ》にくだり、
三日目に死人の内よりよみがえり、天にのぼり、
全能の父なる神の右に座したまえり。
かしこよりきたりて生ける者と死にたる者とを審《さば》きたまわん。
我は聖霊を信ず。聖なる公同の教会、聖徒の交わり、
罪のゆるし、からだのよみがえり、とこしえのいのちを信ず。
アーメン。

はじめに

歩いて野を越え、山を越えるような旅をしようとするなら、地図が必要です。地図にもいろいろな種類があります。一つの種類は、「大縮尺地図」と呼ばれる地図です。どんな道も、沼地も、岩も、何もかも詳しく記したものです。歩く人は、自分の選んだ道についてできるだけ多くの情報を必要としているので、そのような地図が必要です。けれども、さまざまな行き方の中から道を選ぶには、広域地図のほうが、よくわかりますし、すぐ道を見つけることができます。広域地図は、細かい地形は省略し、ある所から別の所にできるだけ真っすぐ進める道路や山道だけを教えてくれます。よく準備をする人は、両方の地図を持って旅をします。

もし、人生がこのような種類の旅であるとするなら、何百万語もある聖書は、何でも記されている大縮尺地図であり、百語ちょっとの使徒信条（使徒たちが書いたという伝説がありますが、事実とは違います。使徒たちの教えを教えているので、そう呼ばれているのです）は、簡略化した道路地図です。多くを省略していますが、キリスト教信仰の主要な点を一目で理解できるようにしてくれます。「信条」とは、「信仰」を意味しています。昔の多くのクリスチャンは、この信条を「信経――BELIEF」と呼んでいました。今日とほぼ同じような使徒信条が初めて現れた二世紀のころは、信仰の基準と呼ばれていました。

人々がキリスト教に入門しようとすると、それを助けようとする人たちは、当然のこととして、その人たちが聖書を学んでほしいと願い、また、できるだけ早く生けるキリストに対して人格的な信頼を置くように導きたいと願います。それは正しいことでしょう。けれども、その二つの目的を達成する方法として、使徒信条を一とおり学ぶように導くことは助けになります。聖書そのものを学ぶための事前のオリエンテーションのために、また、キリストへの信頼のもとになっている信仰の確信がどこにあるかを、あらかじめ調べるのに役に立ちます。

この信仰の確信は三位一体の教理に基づいています。使徒信条は、父と子と聖霊について語っていますが、それは、私たちがまずそのお方がどういうお方であるかを知ってから、経験的にそのお方を知るためです。使徒信条を学ぶと、何がわかるでしょうか。その答えは次のようにきれいにまとめることができます(1)。

「第一は、我と万物を造り給いし父なる神を信ずる事」
「第二は、我と万民を贖《あがな》い給いし子なる神を信ずる事」
「第三は、我とすべて神に選ばれたる民とをきよめ給う聖霊なる神を信ずる事」
これだけのことをしっかり学べば、その人は神の国から遠くありません。

知識を得ることの目的は、私たちの人生にそれを生かすことにあります。キリスト教においても、それはまったく同じです。真の知識（真の神についての知識）は、まさしく私たちの人生に生かされるべき神についての知識です。そして、そのための神についての知識を提供することが本書の目的です。

（1）英国国教会の祈禱書の公会問答による。

導入

私が小さかったころ、子供向けの週刊誌がとてもはやっていました。六歳かそのころですが、週刊『シャボン玉《バブルズ》』を貪《むさぼ》るように読んでいました。『シャボン玉』のおかげで、「少年発明家ディック」とその自家用宇宙船を知りました。また「ヴァル・フォックスと愉快なペットたち」では、毎週ペットたちがヴァルを助けて事件を解決するのを読んでいました。ですがその雑誌にはまた、動物を使った隠し絵のコーナーがありました(「この絵の中に隠れている象・ライオン・猫・牛を見つけられるかな?」)。

使徒信条についても、今となっては滑稽《こっけい》に思われる箇所から崇高な箇所に至るまで、私はこんな質問をくっつけてみたいのです。「使徒信条の中に隠れている福音を見つけられるかな?」使徒信条がキリスト教の使信——言い換えるならば、福音そのもの——の基礎を明らかにしていることを示したいのです。

「使徒信条が福音そのものの基礎を明らかにしている」と聞くと、今日では多くの人が懐疑的な反応をするでしょう。なぜでしょうか。それは二十世紀に福音派の中で確立され、福音主義の信仰に立つ人たち全般の間で決まった思考様式ともなった、ある習慣があるからです。伝道者も、トラクトを書く人も、青年伝道の働き人も、さらにはほかの人たちも、福音を単純にして覚えやすくするために、その福音を簡単な内容に煎《せん》じ詰《つ》めてしまったのです。それは一般的に、次のように整理できます。①すべての人は罪を犯したので、神の栄光にふさわしくない。その中には、あなたも含まれます。②主イエス・キリストを信じなさい。そうすればあなたは救われます。③イエス・キリストを復活の主として告白しなさい。やがて主は、あなたを天国に迎え入れてくれます。二十世紀の電車や自動車が、スピードを上げるために能率化されたように、福音もまた、すぐに理解して応答してもらえるように、能率化されました。ここで追究された課題は、人々がクリスチャンになるために、私たちが語るべき必要最低限のことは何か、ということでした。これは取り組む価値のある課題でしょうか。ある人々の間ではそうかもしれませんが、ほとんどの場合は、決してそうではありません。それを説明しましょう。

北アメリカでは、ピルグリム・ファーザーズの時代から、キリスト教信仰を形成する一般的な考え方が、北アメリカ文化の縦糸となり横糸となって文化を織りなしていました。ちょうどコーヒーに入れて掻《か》き回《まわ》した砂糖が、溶けた状態で液体の中に残っているように、キリスト教も溶けたような状態で北アメリカ文化の中に留まりつづけ、二十世紀にまで至りました。それから、多くの理由があって、公立学校や大学から、キリスト教と聖書が排除されるようになりました。家族で祈ったり、家庭で聖書を読んだりすることが、ほとんどすべての場所でなくなりました。評論家や有識者たちの間では、キリスト教はもう古いと意図的に言ってみたり、または反キリスト教的ですらある考え方を抱いたりすることが当たり前になりました。新約聖書の使徒やその後の時代には、ローマ帝国の異教を目の前にして、福音のメッセージは戦いながら人々の心の中に入っていかなければなりませんでしたが、現代でも五十歳以下の白人の心の中に福音が入り込むためには、同じように戦わなければなりません。このような環境下で、大切な部分をそぎ落とした福音のメッセージ——贖《あがな》い主《ぬし》であるキリストから創造主である神をそぎ落としたり、罪の赦しから個人の新生をそぎ落としたり、個人の救いから教会生活や礼拝をそぎ落としたり、天国の希望から聖化の旅路をそぎ落としたり、こうしたことを右で述べた簡便な伝道法は実際に行っているのです——が不正確な発信を行うようになりました。

こうした不正確な発信が、やがて牧会で生じる多くの問題の種を蒔《ま》くことになります。キリスト教の考え方が何となく知られている、あるいは受け入れられている状況では、いくつかの真理を取り上げて定期的に強調することは、人々に刺激を与えて反応を起こすために、それ自体としては悪いアイデアではないかもしれません。しかしクリスチャンにとって、使徒信条がもはや福音を宣言しているようには見えない、あるいは思えないという段階に至っているときには、何が起きているかについて警鐘を鳴らし、その事態を再点検する必要があると私は思います。

実際、使徒信条そのものは福音伝道のための道具として生まれました。まず、ユダヤ人以外の求道者に、問答形式で信仰を教えるための教理の要約として、そして次に、改宗者がバプテスマを受けるときに、個人的な信仰を宣言するために使うものとして生まれました。使徒の働きの時代のユダヤ人改宗者にとっては、イエス・キリストを待望のメシアであると認めることだけが問題だったので、信仰を告白するとすぐにキリストの名によってバプテスマを受け、そのまま教会の交わりに受け入れられました。しかし異教徒の異邦人を一から弟子として育てるためには、それ以上のことが必要でした。こうしてバプテスマ志願者と言われる人々が現れたのです。二世紀から三世紀にかけて、どのような規模の教会でも、キリスト教を学びたい人のためには、キリスト教を教える講習会が継続して持たれていたようです。この講座は通常三年続き、最後には常にイースターの前日に信仰告白をして厳粛なバプテスマ式を行うことによって修了し、翌日のイースターの日には最初の聖餐式《せいさんしき》にあずかりました。そして、その信仰告白が使徒信条の言葉によってなされたのです。

この背景として、キリスト教の世界で使徒信条が徐々に形づくられていた紀元二世紀、教会は、信者を横取りするグノーシス派から常に悩まされていたことを覚えていなければなりません。彼らの呼称そのものが、選ばれた者としての自慢を表しています。ギリシア語のグノースティコイという単語に込められた誇らしげなニュアンスを理解するためには、この単語を「知識を手に入れた者」と訳す必要があります。実際のところ、グノーシス主義とは想像力を駆使する知性重視の思想であり、キリスト教のあらゆる教義について「本当の意味」を教えると主張します。それは（グノーシス派が言うには）、精神と物質とが相互に作用し合って一体になるという誤った思想、そしてそのようなことが実際にイエス・キリストという人物の中で起こったという誤った思想を抱くクリスチャンが、いつも見落としていることだと言うのです。

グノーシス派は二人の神を対置します。まずは愚かで不器用な神がいて、私たちの肉体を含むすべての物質的なものを作りましたが、それはうまくいきませんでした。他方、賢くて親切な神もいます。この神はすべて霊でできていて、今のところ私たちの肉体に宿っている霊の源です。この神は段階を踏みながら私たちの中にいる霊を教育し、最終的に私たちが死ぬとき、この霊は肉体を脱ぎ捨てて、この神と幸福とのもとに一直線に帰ると教えました。これではキリストのいないキリスト教であり、ハムレット王子の登場しない『ハムレット』劇のようなものです。使徒信条における項目の並び順、またその語句の一部は、使徒の教えを表しているだけでなく、あらゆる点でグノーシス派の二元論を明確に否定しています。

それでは、講義要項としての使徒信条がバプテスマ志願者に対して学習するように要求し、またクリスチャンの成人に対しては入門課程として習得するように要求した基本的な教義を見てみましょう。

⑴三位一体　確かに三世紀か四世紀に至るまで、現存するキリスト教文献の中に、神の存在について、三つにしてひとつであるというはっきりとした記述は見つけることができません。しかし、父と子と聖霊が共に働いて罪人を完全に救ってくださるという現実が、新約聖書全体を貫いていることは事実です。御子が、すべて御父の意志に従って地上に来られ、私たちを贖《あがな》うために死なれ、御霊を私たちに送られ、最後には審判のために来られると語る福音は、暗黙のうちに三位一体の教理を用いなければ、まったく説明することができないと言っても過言ではないでしょう。「我は……父なる神を信ず。我はその独《ひと》り子《ご》、我らの主、イエス・キリストを信ず。……我は聖霊を信ず」という言葉は使徒信条に対して、三つの項目それぞれに個別の宣言がありながらも、三位一体の枠組みを与えているのです。

⑵創造　使徒信条は、私たち自身を含むすべてのものの創造主であられる神から語り始めます。「全能の父」という言葉は、造られたものに対する神のあわれみ深い愛と、造られたものすべてに及ぶ神の主権を指し示しています。創造主なる神は贖い主なる神でもあられることを信じないグノーシス派は、すでに置き去りにされています。

⑶受肉　御子が一歩ずつへりくだられたこと、すなわち謙卑《けんぴ》（処女降誕・十字架刑・死・埋葬）された後には、それに続いて一歩ずつ高挙（復活・昇天、天上での統治、神のさばき主としての未来の統治）されたことが詳細に述べられています。というのも結局のところ、これらの事

実がキリスト教信仰の核心だからです。処女降誕（これは処女懐胎を前提としています。また御子が実際によって御子は肉体をとり、神なる人となられました）がはっきりと肯定され、また御子が実際に死なれたことも肯定されています。（「陰府《よみ》（ハデス）にくだり」の陰府とは、すべての死者が行くところです。これは御子の肉体からいのちが取られ、私たちがやがてそうなるのと同じように、御子が実際に、本当に、完全に死なれたことを意味しています）。このように二つのことが肯定されている理由は、この二つがキリスト教の物語にとって聖書の記述どおりであり、決定的に重要であるだけでなく、グノーシス派がこの二点を否定することをもって主眼としていたという事実があるからです。

グノーシス派は、受肉をとんでもない間違いだといって否定しました。グノーシス派の教えによれば、キリストと呼ばれる霊が、賢い神から遣わされて私たちの教師となり、イエスという人間がバプテスマを受けてから死刑を宣告されるまで、その中に内住しました。それからその霊は、イエスを離れていったので、イエスという人間は苦しみを受けることになった、というのです（あるいは、キリストは死なくてすむように、イエスの代わりになる人物を探しにいった、という人もいます）。とにかくイエスに何が起こったにせよ、キリストは死ななかったというのです。これに反対してキリスト教の教師が最初から主張したことは、マリアの胎内で神と人間とが永久に結合したこと、神の御子は神性を損なうことなく人間となり、サタン・罪・死から私たちを救うために死なれたこと、今でも受肉の生活を続けながら、すべての人の主として王座に就かれ、私たちの永遠の救い主・さばき主であられるということです。

⑷ 聖霊　ペンテコステの主権者――聖霊を敬う気持ちでこう呼んでもいいならば――は、信者の人格をキリストに似たものに造り変えることによって（パウロとヨハネが教えているように）、また信者の状況やその状況に対する信者の反応を形づくることによって（使徒の働きにおいてルカが教えているように）、信者の生活を超自然的なものにします。このようにして御国は前進します。ここでバプテスマ志願者が教えられたであろうことを、私たちの多くも、追いつくようにして学ぶ必要があります。

⑸ 教会　聖霊によって造られ、生かされている教会は、父と子である神を通して、また神を目指して生活する共同体です。そのために教会は、礼拝・奉仕・証しを継続して行います（だから教会は「聖なるもの」、つまり神のために取り分けられたものと言われるのです）。教会は全世界に広がる神の民であり、キリストのからだです。このキリストに対する信仰と交わりの中においては、社会的立場・人種・性別・年齢・教育歴・職業・政治的思想における違いは意味をなしません。すべての人が「キリスト・イエスにあって一つ」（ガラテヤ3・28）だからです（このゆえに教会は「カトリック」と呼ばれます。これはつまり範囲と質の両方において広範、あるいは包括的であるという意味です）。福音に従って主イエス・キリストを知り、キリストと結ばれることは、

教会が内的に一致し共存するための動的な基盤です。疑いなく、使徒信条が最初にまとめられた時代において、バプテスマ志願者はそのように教えられたのです。

(6) 罪の赦し　使徒信条で教えられる順番によれば、この真理は聖霊の説明の後に続きます。なぜなら罪を犯すという習慣・行動、また罪悪感によって、罪こそが私たちの問題になっていると悟らせてくれるのは、明らかに聖霊だからです。また、私たちがその罪悪感を取り除かないかぎり、神との交わりが持てないことを悟らせてくれるのも聖霊です。そしてまた聖霊が悟らせてくださるように、キリストの贖罪《しょくざい》の死によって私たちに保証された赦しは、神が自由な意思によって与えてくださった賜物《たまもの》であり、その賜物を私たちは復活した主であるキリストご自身に対する悔悛《かいしゅん》の信仰（信認・同意・献身）によっていただくのです。この賜物《たまもの》は更新することができます。私たちが必要とするならば（実際、毎日ですが）、赦しは何度でもいただくことができます。そして罪を捨てて赦しをいただくといつも、天の父との新しい交わり、私たちの主人であり友人であられるイエスとの新しい交わりへの扉が開かれます。

(7) キリスト教の希望　グノーシス派は肉体からの解脱《げだつ》を待ち望んでいましたが、クリスチャンが期待していたのは新しいからだをいただくことでした。そのモデルはイエスの復活、からだをもっての昇天・栄化でした。私たちがイエスとの、終わることも老いることもない生活に入ると、神がからだに対して計画された三重の目的――すなわち経験し、楽しみ、表現すること――がかってないほど実現されることになります。

今、もう一度お尋ねします。「使徒信条の中に隠れている福音を見つけられるかな？」そして使徒信条の中には、十分に説明するならば、福音の一部でないものは何もないことがおわかりいただけたでしょうか。今日、私たちは自分が生活している現場において、初代教会がローマ帝国で直面していたのと同じくらい深刻な、まるで異教徒のような神に対する無知に直面しています。ですから前に述べた簡便な伝道方法では不十分なのです。永遠から永遠まで続く贖《あがな》いの愛という、キリストを高める御父の計画の全貌を語らなければなりません。そうでなければ、福音が求める抜本的な人生の方向転換は理解されません。必要とされている、人間中心から神中心への全体的な転換、さらに具体的に言うならば自己中心からキリスト中心への転換は起きないのです。救いをもたらす神の愛のメッセージにとって不可欠な部分として、使徒信条が教えるすべてのことを理解し、教える必要があります。その助けとなることが、本書の目的です。

信仰がなければ、神に喜ばれることはできません。神に近づく者は、神がおられることと、神がご自分を求める者には報いてくださる方であることを、信じなければならないのです。

ヘブル人への手紙11章6節

1　我は……神を信ず

何を信じるかという問いに対する答えはさまざまです。また、その信じるという意味にもいろいろな捉《とら》え方《かた》があります。「ＵＦＯを信じる」と言う場合、それは、私はＵＦＯが現実にあると思う、という意味です。「民主主義を信じる」と言う場合の意味は、民主主義の原理は正しいし、益になると思う、ということです。けれども、キリスト教の人たちが、それぞれ礼拝で「我は……神を信ず」と告白した場合、それはどういう意味なのでしょうか。信じる対象がＵＦＯや民主主義である場合よりも、ずっと深い意味があるのです。

ＵＦＯは実際に探し出さなくても信じることができますし、民主主義についても民主主義政党に一票を投じなくても信じることができます。このような場合は、信仰は知性だけの事柄です。けれども、使徒信条の最初に出てくる「我は……神を信ず」ということばは、新約聖書の記者が編み出したギリシア語の表現で、文字どおりには「私は神の中に向かって信じる」という表現から来たものです。つまり、神についての何らかの真理を信じるということ以上に、神を信頼し神と結びつくことにより、神に自らをゆだねるという関係をもって生きていることなのです。「我は……神を信ず」と言うとき、私は神がこのような関係に私を招いてくださったという確信を告白し、またその招きを受け入れたことを宣言しているのです。

信仰

英語のfaithということばは、ギリシア語の「……の中に向かって信じる」という表現に含まれる動詞（ピステウオー）からできた名詞（ピスティス）に対応する英語の表現です。このことばはbeliefということばよりも、あるお方への生き生きとした信頼関係の概念をよりよく表しています。beliefは何かに対する意見を意味するだけですが、「信仰」は車であろうと、新しい薬であろうと、部下であろうと、医者であろうと、結婚相手であろうと、何であろうと、人やものを信頼するにふさわしいものとして扱い、それに対して自分自身をゆだねることを意味しています。神を信じることについても同じことが言えますが、その場合はもっと深い意味を持っています。

その対象を信じて自らをそれにゆだねるとは、実際に何をすることなのかを決めるのは、その対象が提供し、要求するものの種類です。例えば、私の車への信仰は、あちこちに行くときに車に頼ることによって示され、医者への信仰は医者の処置に任せることによって示されます。そして神に対する私の信仰は、私を支配し、私を扱われるというご要求を受け入れることによって、またその御子イエス・キリストを自分自身の主、救い主として受け入れることによって、そして私を今からいつまでも祝福してくださるという約束に頼ることによって示されるのです。これこそが、使徒信条の示す神が提供しておられること、また、神が要求しておられることへの応答がどういうものかを示しているのです。

時々、信仰は「上なるもの」（または、「超越しているもの」とか「物事の奥義」）を意識することと同じだと言われます。自然の驚異、あるいは、良心への訴え、偉大な芸術作品から受ける強い衝撃が、または恋に陥ることが、かちかちに硬い人間の心を動かすことがあります（まじめに受け止めるかどうかは別として、そのようなことは誰《だれ》でも経験しますし、神はそれを止めようとはなさいません）。けれども、キリスト教信仰というものは、キリストと聖書においてご自身を明らかにしておられる神に心を向けるときにだけ始まるのです。その聖書において、「どこでも、すべての人に悔い改めを命じておられ」、「私たちが御子イエス・キリストの名を信じ」ることを命じておられる創造者である神にお会いするのです（使徒17・30、Ⅰヨハネ3・23。ヨハネ6・28以下参照）。キリスト教信仰とは、神の語られることを聞くこと、心に留めること、そして行うことなのです。

疑い

私は、聖書における神の啓示には真理と権威があるのは言うまでもないかのように執筆しています。確かに最終的な分析の段階では、そのとおりであると思います。けれども、無批判な先入観や偏見というものは、私たちすべてに問題を引き起こすことを私は知っていますし、読者の方も知っておられることでしょう。多くの方が、聖書のメッセージを成り立たせている事柄について深い疑いと困惑を感じています。これらの疑いは信仰とどう関わるのでしょうか。

では、疑いとはどういうことなのでしょうか。疑いとは、心が分かれている状態をいいます。ヤコブの考えでは、「二心を抱く」ことです（ヤコブ1・6―8）。そして、疑いは信仰の内側にも、外側にも見いだすことができます。前者の場合の疑いとは、信仰が病原菌に侵され、病を持ち、元気がなくなっている状態です。後者の場合は、信仰を持とうともがいている状態か、神が自分に向かって侵略してきて、直面したくないことを要求するかのように感じて、神から逃げだそうともがいている状態かのいずれかです。C・S・ルイスの霊的自叙伝である『喜びのおとずれ』には、この二つの思いが代わる代わる出てきます。

疑いを持つとき、私たちは自分が正直であると思いますし、確かにそうなろうと努めています。けれども、完全に正直になることは、この世では無理な話ですし、自分でも気づかないで、神のことばを受け入れたくない思いが、信仰の項目のあれこれについての疑いの土台に横たわっていることが多いのです。その原因は、何らかの学説へのこだわりであったり、人から馬鹿《ばか》にされることへの恐れであったり、自分自身の問題と深く関わっているためであったり、その他いろいろな動機にあるのです。よくあることですが、その当座はそういうことがわからなくても、後になって振り返ると、はっきりわかることがあります。

疑う人をどうしたら助けられるのでしょうか。第一に、問題になっている事柄を説明することです（疑いは誤解から生じることがよくあるからです）。第二に、その問題の点においてキリスト教信仰は合理的であること、また受け入れることができる根拠を示すことです（キリスト教信仰は理性を超えてはいますが、理性に反しているのではないからです）。第三に、何によって疑いが起こされているのかを調べることです（疑いは、決して理性的にどうしても信じられないということではありません。好き嫌いとか、感情を傷つけられたことなどがキリスト教を信じるのを躊《ちゅう》躇《ちょ》させる原因になっていることがよくあります。また、疑う人たちは気づいていないかもしれませんが、社会的・知的・文化的に思い上がった態度などと関係があるのです）。

個人的

礼拝のときに、使徒信条は声をそろえて唱えられます。けれども、その冒頭は「我」であって、

「我ら」ではありません。すなわち、礼拝者一人一人が個人的に唱えるのです。その人は、そうすることによって、自分の人生哲学を宣言し、同時に自分の幸せがどこにあるのかを証言しているのです。その人にとっては、キリスト教の神の手のうちに自らを置くことが喜びであり、「我は……信ず」と言うときに、自分から賛美と感謝の行為を実行しているのです。使徒信条を唱えることができるのは、本当にすばらしいことなのです。

さらに聖書を学ぶために

実際に働く信仰

ローマ人への手紙4章
ヘブル人への手紙11章
マルコの福音書5章25―34節

考え、話し合うための質問

- 「信仰」（ギリシア語のピスティス）ということばは元来どういう意味を持っていますか。
- 使徒信条の冒頭に「我」ということばがあるのは、どういう点で重要ですか。
- 今までに、自分自身が、または他の人が、どういう点に疑いを持ったことがありますか。

●私たちが疑いや問題を感じたときに、この章で示されている取り組み方は、どう役に立つでしょうか。

主、主は、あわれみ深く、情け深い神。怒るのに遅く、恵みとまことに富み、恵みを千代まで保ち、咎《とが》と背きと罪を赦す。

出エジプト記34章6、7節

2 私が信ずる神

教会の礼拝で「我は……神を信ず」と告白するとき、それは何を意味しているべきなのでしょうか。そのとき私たちはユダヤ教徒・イスラム教徒・ヒンドゥー教徒などと同盟を結んで無神論に対抗し、神は存在しないのではなく、明らかに何らかの神が存在すると宣言しているにすぎないのでしょうか。そうではありません。これよりもずっと大きな意味のあることを実行しているのです。信条それ自体に示されている神、キリスト教の神、主権者である創造の神への信仰を告白しているのです。カール・バルトに言わせれば、私たちの神の「洗礼名」は「父・子・聖霊」です。もしこれが私たちの信じる神でなければ、使徒信条を告白することなど、まったく意味がないことなのです。

偶像

ここではっきりさせることが必要です。今日の人々は、何らかの意味で「我は……神を信ず」

と告白する人たちと、どんな意味においてもそう告白できない人たちの間に大きな隔たりがあると考えています。無神論は敵であっても、多神論は敵ではなく、ある宗教ともう一つの宗教の違いは、それほど重要ではないと思われています。けれども、聖書に示されている大分水嶺《だいぶんすいれい》はキリスト教の神を信じる人たちと偶像（「神々」）に仕える人たちの間にあります。その神々のイメージは、それが金属であろうと、心理的なものであろうと、創造主の自己啓示とはまったく違います。毎週日曜日に教会で「我は……神を信ず」と習慣的に唱えている人の中に、実際に自分が信じている神は、この聖書が示す神ではないということだと気づく人がいてほしいと願います。

神の名前

聖書は、神がご自身を啓示され、ご自分の「名前」を、私たちに告げられることにより、ご自分がどういうお方であるかを明確にされたと記しています。この「名前」は三つの脈絡で現れてきます。

第一に、神はご自分の「固有の名前」エホバ（現代の学者によればヤハウェ）を、燃える柴《しば》の中からモーセに告げられました（出エジプト3・13以下。6・3も参照）。この名前の意味は「『わたしはある』という者」とか「わたしはそうなる者になる」（英標準訳本文および欄外注）というものです。これは神が全能であることを宣言しています。神にはご自分がご自分であること、またご自分がなさろうとすることを行うことについて何も邪魔するものがないことを意味します。この名前を英語で「LORD」（主）と訳した欽定訳《きんていやく》聖書の訳者は大したものです。使徒信条はこのことを強調して、神について語るとき、全能の父といっています。

第二に、神はモーセに「主の名を宣言された」のですが、そのときにその道徳的なご性質についても明らかにされました。「あわれみ深く、情け深い神、怒るのに遅く、恵みとまことに富み、恵みを千代まで保ち、咎《とが》と背きと罪を赦す。しかし、罰すべき者を必ず罰して、……報いる者」であると宣言されました（出エジプト34・5―7）。この「名前」は啓示された描写と呼ぶことができるかもしれませんが、神のご性質とその役割の両方について明らかにしています。この神のご性質と役割についての宣言は、聖書全体に響きわたっています（出エジプト20・5以下、民数14・18、Ⅱ歴代30・9、ネヘミヤ1・5、9・17、32、詩篇86・5、15、103・8―18、111・4―9、112・4、116・5、145・8以下、17、20、ヨエル2・13、ヨナ4・2、ローマ2・2―6参照）。そして、聖書が記録している神の行為のすべては、この神のご性質と役割の宣言が真実であることを確証し、例証しています。ヨハネが神のご性質の二つの面について語るときに、神は光でもあり愛でもあると述べたこと（Ⅰヨハネ1・5、4・8）は注目する価値があります。愛であっても、正しさと純粋さのない愛ではなく、また正しくあっても、優しさと同情のない正しさではなく、聖《きよ》い愛であり、愛に満ちた聖さであり、それぞれの性質は最高の段階にあることを示しています。ヨハネは、私たちが神についてイエスから学ぶことを要約したかたちで、述べているのです。

三つで一つ

第三に、神の御子はその弟子たちに対して、「父、子、聖霊の名において」バプテスマを授けるように語られました（マタイ28・19）。この場合、「御名」は複数ではなく、単数であることに注意してください。三つの人格が一緒になって、お一人の神を構成しているのです。ここで、私たちはあらゆる真理の中で最も頭が混乱し、理解しがたい真理、三位一体の真理に直面しているのです。使徒信条も、三つの段落でこの真理について証言しています（「父……その独《ひと》り子《ご》……聖霊」）。

どのように考えたらいいのでしょうか。神の三位一体性は、それ自体神秘であり、私たちの理解を超えた、超越的な事実なのです（神の永遠性・無限性・全知、私たちの自由な行動を摂理的に支配しているという真理についても同じことがいえます。確かに、神についてのすべての真理は多かれ少なかれ、私たちの理解力を超えています）。一人の永遠の神がどのようにして永遠に単数でもあり複数でもあるのか、父・子・聖霊が別々のお方なのに、どうして本質的に一つなのか（ですから、三位一体ではなく三つの神を信じる三神論や、三つのご人格を否定して一人の神だけを信じるユニテリアン主義はどちらも間違いです）は、私たちにはわかりえないことですし、それを「説明しよう」とするどんな企《くわだ》て（聖書に基づいてこの真理を告白しようというのとは対照的に、理性によって神秘を追い払おうとする企てです）も必ず失敗に終わるのです。他の点でもそうですが、この点で、私たちの神は、その被造物の小さな知性には大きすぎるお方なのです。

けれども、キリスト教信仰の歴史的な基礎事実、つまり神であられたお方が、その父に祈られたこと、その天的な奉仕を続けられるために、そのお方と父とが「もう一人の助け主」（ヨハネ14・16）を送ると約束されたこと、さらにクリスチャンの信仰生活において誰《だれ》もが経験している事実――上におられる父なる神を礼拝すること、そばにおられる子なる神との交わりを知っていること、これは両方とも内におられる聖霊なる神の促しによるのですが――これらの事実は紛れもなく、神が本質的に三位一体のお方であることを指し示しています。また、私たちを救うことにおいて、三位なるお方が協力して働かれたこともそうです。父が贖《あがな》いのご計画を立てられ、御子が実行され、御霊が適用されるのです。多くの聖書箇所がその事実を証ししています。例えば、ローマ人への手紙8章1－17節、コリント人への手紙第二13章13節、エペソ人への手紙1章3－14節、テサロニケ人への手紙第二2章13節以下、ペテロの手紙第一1章2節などです。キリストの福音を分析するときに、三位一体の真理はその福音の基礎であり、枠組みであることがわかるのです。

キリストの受肉に中心がある恵みのみわざによらなければ、神がお一人でありつつ、複数のご人格のお方だと理解されることはありませんでした。そうですから、恵みのみわざを信じない人たちが三位一体の真理を疑うのも不思議ではありません。しかし、この三位一体の神こそが使徒信条の神なのです。では、この神がいま私たちが礼拝している神なのでしょうか。それとも、私たちもまた、偶像礼拝の犠牲者となってしまったのでしょうか。

さらに聖書を学ぶために

啓示された神

ヨハネの福音書1章1―18節

考え、話し合うための質問

- 「けれども、聖書に示されている大分水嶺《だいぶんすいれい》はキリスト教の神を信じる人たちと偶像(「神々」)に仕える人たちの間にあります」とはどういう意味でしょうか。この意見に同意しますか。それとも反対ですか。なぜですか。
- 神の名前であるエホバとは、基本的にどういう意味でしょうか。この名前は神について私たちに何を教えてくれますか。
- キリストはなぜその弟子たちに対して、「父、子、聖霊の名(単数)において」バプテスマを授けるように命じられたのですか。

私たちすべてには、
唯一の父がいるではないか。
唯一の神が、私たちを創造されたではないか。

マラキ書2章10節

3 全能なる父

使徒信条を唱える習慣のある教派の礼拝では、どこでも信条が唱えられる前に神の父性が賛美(「父なる神に栄えあれ……」)において歌われるようです。神の父性は讃美歌作者たちが、鋭い直感によって常に強調してきたテーマであるからです。しかし、私たちはこのことをどのように理解するべきでしょうか。

創造

明らかに、使徒信条が「天地の造り主、全能の父なる神」という場合、この表現は私たち、それにすべてのものは、一瞬一瞬その存在を創造者である神に依存しているという事実を素早く見てとっています。さて、創造者であることと父であることとを同等に扱うことは非聖書的ではありません。旧約聖書では、マラキ書2章10節に「私たちすべてには、/唯一の父がいるではないか。/唯一の神が、私たちを創造されたではないか」とあり、新約聖書では、使徒の働き17章28

節で、アテネで説教するパウロがギリシアの詩人のことばを受け入れて「私たちもまた、その子孫である」と引用しています。しかしながら、この二つの引用聖句は神のさばきを警告している箇所からのものです。特にパウロのアテネでの伝道説教から極めて明らかなことは次のことです。人は神の子孫であるという関係があるので、人は神を求め、礼拝し、従わなければなりません。また、その関係のゆえに世の終わりに際して、神に対して応答できるという面もあります。しかし、その際、過去の罪への悔い改めとキリストへの信頼がないならば、神に喜ばれ、受け入れていただけないことも明らかです（パウロの全説教は22－31節を読んでください）。

神の父性の普遍性を強調する人たちは、すべての人が今もまた将来も救われている状態にあると考えています。けれども、これは聖書的な見方ではありません。パウロは、十字架のことばは愚かだとする人々について、その人たちは滅びに至る、と言っています（Ⅰコリント1・18）。また、悔い改めようとしない人たちに対して、たとえ神の子孫であったとしても、「神の正しいさばきが現れる御怒りの日の怒りを、自分のために蓄えています」（ローマ2・5）と警告しています。

父と子

事実、新約聖書が神の父性を語るとき、必ず創造との関連で語られます。しかし、さらに二つのことに関係して語られています。第一は、神性の内部でのあり方です。永遠の三位一体の内側に父と子との家族関係が存在します。地上では、御子はご自分が仕えられたお方を「わが父」と呼ばれました。そして、同じお方をアバ（尊敬するお父さんを意味するアラム語）と呼んで祈られました。

この関係が何を意味するかは、イエスご自身が明らかにされました。一方では、御子は父を愛しておられます（ヨハネ14・31）。いつも父に喜んでいただけることを行われます（8・29）。御子はご自分からイニシアティブを取ることはせず、どんなときでも父の導きに頼っておられます（5・19以下、30節）。しかし、いったん父がみこころを明らかにされると、頑固なほどに従われました。「わが父よ。……わたしが望むようにではなく、あなたが望まれるままに、なさってください」（マタイ26・39）。「父がわたしに下さった杯を飲まずにいられるだろうか」（ヨハネ18・11）

他方、父は御子を愛しておられます（ヨハネ3・35、5・20）。御子に栄光となるべき大きなわざをお与えになることによって、大いなるお方とされます（ヨハネ5・20―30、10・17以下、17・23―26）。いのちを与えることと、さばきを下されることとは御子に全面的にゆだねられた二つ一組の働きです。それは、「すべての人が、……子を敬うようになるためです」（5・23）。

神がその永遠の御子を愛する父であられるということは、ご自身と、ご自身が贖《あがな》われた民との恵み深い関係の原型です。同時に、神が人間の家族の中に創造された親としてのあり方の元になるモデルでもあります。パウロは「私たちの主イエス・キリストの父である神」のことを「天と地にあるすべての家族の、『家族』という呼び名の元である御父」と語っています（エペソ1・3、3・15）。人間の家族は、その本質において天における父と御子との関係を反映しています。そして、父子関係は、神における父と御子との互いの愛に呼応した愛を表すべきなのです。

養子

新約聖書が神を父として語っている関連で第二のことは、信じた罪人が神の家族に子として迎え入れられることです。これは超自然的な恵みの賜物《たまもの》です。この賜物は義認と新生とに結びついており、神によって無償で与えられ、イエス・キリストを救い主、主として信じる信仰により謙《けん》遜《そん》に受け入れられるべきものです。「しかし、この方（イエス）を受け入れた人々、すなわち、その名を信じた人々には、神の子どもとなる特権をお与えになった。この人々は、……神によって生まれたのである」（ヨハネ1・12－13）。イエスが死からよみがえられたとき、その弟子たちに送られたメッセージは、「わたしは、わたしの父であり、あなたがたの父である方、わたしの神であり、あなたがたの神である方のもとに上る」（ヨハネ20・17）というものでした。弟子として、彼らは神の家族の一員でした。事実、そのメッセージの中で、イエスは弟子たちを「わたしの兄弟たち」と呼んでおられました。主がお救いになったすべての人は、主の兄弟なのです。

クリスチャンが使徒信条の第一の部分を唱えるとき、このすべてのことを合わせて、自分の創造者を自らの救い主の父であり、キリストを通して自分自身の父でもあることを告白しているのです。そして、その父はそのただ一人の御子を愛される愛に劣らない愛をもって、自分を愛していてくださると告白しているのです。なんとすばらしい告白をすることができるのでしょうか。

全　能

そして、父なる神は「全能」です。その意味は、神が意図されたことはすべてすることがおできになり、必ずそうなさるということです。神はその子どもたちに、どのような意図を持っておられるのでしょうか。その答えは、子どもたちが、長兄〔すなわちキリスト〕がいただいているのと同じすべての分け前にあずかることです。信仰者は「キリストと、栄光をともに受けるために苦難をともにしているのですから、……神の相続人であり、キリストとともに共同相続人なのです」（ローマ8・17）。私たちは苦難を受けるでしょう。しかし、栄光を失うことはないのです。全能の父が、そのことから目を離さずにおられます。主の御名を賛美しましょう。

さらに聖書を学ぶために

キリストにおいて子とされることについて

エペソ人への手紙1章3―14節

考え、話し合うための質問

- 「私たちもまた、その子孫です」という表現は、神が父であることについて、どのようなことを語っていますか。また、この表現に含まれていないことはどういうことですか。
- 三位一体の内部において、神の父性はどのように示されていますか。
- イエスはなぜクリスチャンを「わたしの兄弟たち」と呼ぶことがおできになるのですか。

主は望むところをことごとく行われる。
天と地で　海とすべての深淵《しんえん》で。

詩篇135篇6節

4　全能の

使徒信条では、「全能の父である神」への信仰を宣言しています。この「全能の」という形容詞は重要なのでしょうか。そうです。非常に重要です。このことばが示しているのは、神がご自身の世界を支配しておられる主であり、王であり、何事をもなしうるお方であるという基本となる聖書的な事実です。神の主権的なご支配が宣言され、賛美されるときのこの上ない喜びが、例えば詩篇93篇、96篇、97篇、99篇1－5節、103篇などに表現されています。人は神の主権を論争の的とします。しかし聖書では、それは礼拝すべき理由なのです。

神のなさることを正しく理解しようとするとき、神のご主権という光の中で見なければ、どんなことも理解できません。それが、使徒信条の最初に「全能の」ということばが置かれている理由であることは明らかです。ただし、信仰者の感情としては、この真理に熱い思いを抱くのですが、私たちの知性が理解するには易しくはありませんし、いくつもの疑問が生じます。

神がおできにならないこと

第一に、全能とは神が文字どおり何でもおできになるという意味なのでしょうか。そうではありません。神がおできにならないことはたくさんあります。神は、自己矛盾するようなこと、円を四角にするなどといった無意味なことはおできになりません。また、ご性格にないようなことはおできになりません（これは非常に大切なことです）。神は完全な道徳的性格の持ち主ですが、それを否定することはおできになりません。気まぐれであったり、冷たかったり、でたらめであったり、不公正であったり、なさることがばらばらであったりすることはできません。贖《あがな》いなしに罪をお赦しになることは、それが正しくないのでおできになりません。同時に、神は、信仰をもって告白された罪を赦されることについて、「真実で正しい」お方であることに失敗するようなお方ではありません。神がなさったその他の約束すべてを守られることについても同じです。なぜなら、このような点で失敗することも、正しいことではないからです。道徳的に不安定なこと、動揺すること、信頼できないことなどは、力あることのしるしではなく、弱さのしるしです。しかし、神が全能であるということは、この上ない強さを持っておられることです。そのため、先に述べたような不完全さに陥ってしまうことは不可能なのです。

以上のことをより積極的に言うと、次のようになります。聖《きよ》い、理性的な神がなさろうとしないことがありますが、なさろうとすることはすべて実際になさるのです。「主は望むところをことごとく行われる」（詩篇135・6）のです。この世界をお造りになろうとしたとき、「主が仰せられると　そのようにな」（詩篇33・9。創世1章も）ったように、神が行おうとされたことすべてがそうなのです。人間の場合は、うっかりしくじった、ということはいくらでもありますが、神についてはそうではありません。

人間の自由意思

第二に、神がそのみこころを実行される力は人間の自由意思によって制限されることはないのでしょうか。答えは、制限されることはないということです。人間の自発的で責任ある選択をすることのできる力は創造されたものであり、創造された人間の性質に見られる神秘的な一面です。神がそのみこころを成し遂げられる力は、ご自身がお造りになったどんなものによっても制限されることはありません。神は、そのみこころを自然法則を通して行われますが、また私たち人間の心理の動きを通しても、そのみこころを実行されます。そうであっても、どんな場合でも、被造物の秩序が乱されることはありません。ですから、実際に起きたことを、神のご支配と関連なしに「説明する」ことはいつでも可能です（いくつかの奇跡の場合は別ですが）。しかし、どういう場合であっても、神はものごとが起きるように命じられるのです。

ですから、創造された現実のあり方を何ら侵すことなく、また人間の行動をロボットのレベルに引き下げることなく、神は今も「すべてをみこころによるご計画のままに行う」（エペソ１・11）のです。

けれども、そういう場合であっても、私たちが自由意思であると考えているものは、幻想であり、非現実的なのでしょうか。その答えは、そこで何を意味しているかによって変わってきます。私たちの意思が神とは無関係に働くときにだけ自由であると考えるのは確かに幻想です。けれども、神学者たちが定義しているように、自由意思とは「自由な働き」、すなわち、先に述べたような自発的な、自己決定的な選択をする力であるという意味ならば、それは現実的なものです。自由意思は私たちの人間性の一面である創造の事実として、創造されたすべてのものと同じように、神にあって存在するのです。神が人の自由意思をどのように支え、それを侵すことなく支配されるのかは、神に属する秘密です。けれども、神がそのようになさっていることははっきりしています。それは、二つの理由からです。一つは、私たちが「私たち自身の自由な意思によって」決断を下し、行動しているという私たちが意識している経験のゆえです。第二に、私たちの行動は実際、道徳的に私たち自身のものであるのだから、私たちは神に対して責任があると聖書が厳然と述べているからです。

悪は征服される

第三に、悪の存在——道徳的な悪、不必要な苦難、善の破壊——は、父なる神が結局は全能ではないことを示しているのではないか。神が全能なら、これらのものを取り除こうとされるのではないか、という疑問です。そうです。神はそうなさいます。そして、今もそうしておられます。キリストによって、あなたや私のような悪い者がすでに良い者とされつつあります。苦しみや病気から解放された身体がやがて与えられます。それとともに宇宙も再構築されるのです。パウロは「今の時の苦難は、やがて私たちに啓示される栄光に比べれば、取るに足りないと私は考えます」（ローマ8・18。19—23節も）と、保証しています。もし、神がご自身の世界から悪を一掃し、新しい秩序を導き入れられることを、私たちの願いよりも遅くしておられるとしたら、それは何を意味しているのでしょうか。それは、神がその恵みのみわざをさらに多くの人々に及ぼすためであり、この世界における悪による犠牲者を、より多く救うためであると確信していいのです（Ⅱペテロ3・3—10。特に8節以下）。

良い知らせ

神の全能性が創造・摂理・恵みにおいて真実であることは、私たちが神に対して信頼すること、神にあって平安かつ喜んでいることのすべての土台です。また、祈りが応えられること、現在守られていること、最終的に救われることなど、すべての希望に保証を与えるものです。つまり、運命も、星も、偶然の機会も、人間の愚かさも、サタンの悪意もこの世界を支配していないのです。その代わり、道徳的に完全な神が世界を動かしておられ、誰《だれ》もその王位から引きずり降ろすことはできませんし、神の愛のみわざを妨げることもできないのです。そして、私がキリストのものであるなら、

王である保護者をいただく私
まだ見ずとも、永遠に近くいたもう
救いのみわざを必ずなしたもう
治め支配したもう全能の主

あなたこそわが盾、太陽ならば
夜も暗くなく
私の時が早く過ぎさるときも
さらにあなたに近づくのだ

良い知らせでしょうか。そうです。かつてない最高の知らせです。

さらに聖書を学ぶために

支配者であられる神

創世記50章15―26節
詩篇93篇
使徒の働き4章23―31節

考え、話し合うための質問

- 「全能」とはどういう意味ですか。神が全能であることを信じるのは、なぜ重要なのですか。
- 全能であってもできないことがあると本当に言えるとしたら、それはどういう意味で言えるのでしょうか。
- 神の力は人間の自由意思によって制限されるのでしょうか。なぜ、そう言えるのでしょうか。

神が造られたものはすべて良いもので、感謝して受けるとき、捨てるべきものは何もありません。

テモテへの手紙第一 4章4節

5　天地の造り主

「はじめに神が天と地を創造した」ということばで聖書は始まります（「天と地」とは、「そこにあるすべてのもの」を意味する聖書の表現です）。

創世記1、2章がどの程度まで、創造の方法について私たちに語っているかは議論のあるところです。例えば、数千、数万年の年代を経て生物が進化してきたという考え方を除外するかどうか、というような問題です。けれども、はっきりしていることは、その二つの章の主要な狙《ねら》いは、世界がどのようにできたかではなく、誰《だれ》が造ったかを教えることだということです。

芸術家を紹介します

ドロシー・セイヤーズによるある探偵小説の謎《なぞと》解きの章には「あなたが誰が犯人かを知る方法を知るとき」と題がついています。それに対して、創世記1、2章は「誰か」は教えていますが、「方法」については多くは答えてくれません。これは欠陥であるというのが、今日のある人たちの考えです。しかし、歴史を振り返ってみると、「誰《だれ》か」よりも「方法」に心をとらわれている現代の「科学的」なこと自体、たいへん奇妙に見えます。これらの章は私たちが一般に持ち合わせている関心を満足させてくれないと批判するべきではありません。最も大切なことは自然の造り主を知ることです。そのことに関心を払うことなく、自然を知ろうとするのは方向違いなのです。そのような態度には注意が必要ですが、その注意をあの創世記の初めの二章から受け取るべきなのです。

これら二つの章が語っているメッセージは何でしょうか。「あなたは海を、空を、太陽・月・星を見たでしょう。鳥や魚を見たでしょう。景色を、植物を、動物を、昆虫を、大きなものも小さなものもみんな見たでしょう。人間の身体が見事に造られている様を、その力とわざを、それに男と女が相手の心を魅了し合い、誘い、愛するその深い思いを。すばらしいですね。それでは、これらすべての背後におられるお方を紹介します」。別の言い方をすればこうなります。「美術作品を楽しんでこられましたね。では、芸術家と握手をしてください。音楽を味わってこられましたね。では、作曲者を紹介しましょう」。創世記1、2章や、詩篇104篇、ヨブ記38－41章のような創造の賛歌が記されたのは、創造されたものよりも創造したお方を知らせるためであり、自然科学ではなく、神を知る知識を与えるためであったのです。

創造しておられたとき、神は単なる職人以上のお方でした。職人はすでにそこにある材料からものを作り出します。その材料に制限されています。しかし、神が「……、あれ」と言われるまで、材料と言えるものは何もなかったのです。神学者たちは、この点を強調して、「無からの創造」という表現を用います。無という何かの「もの」があったという意味ではなく、神は創造のみわざにおいて、まったく自由で、何ものによっても制限されることがなかったということです。また、ご自分が造ろうと思われたもの以外に、お造りになるものを決めたり、形造ったりしたものはなかったということを意味しています。

創造者と被造物

創造者と被造物との区別は、神が摂理と恵みのみわざの支配者であられるという聖書の考え方にとって基本的なものです。また、神と人とについて真剣に考える場合、その土台となるものです。だからこそ使徒信条の中に、このことが記されているのです。少なくとも三つの点で大切です。

第一に、神についての誤解を防ぎます。神はご自身の似姿に私たちを造られました。けれども、私たちは神について、私たち人間のあり方を通して思い浮かべる傾向があります（「人間は、自分の似姿に神を作った」とは、ヴォルテールの言った冗談ですが、よくぞ言ったものです）。けれども創造者と被造物とに区別があることによって、次のような事実を私たちに思い起こさせてくれます。私たちは神に依存していますが、神は私たちに依存しておられるのではないこと、それに、神は、私たちの意思によって私たちの満足のために存在しておられるのではないこと、さらに、私たちは神がものごとに対処なさる仕方を、私たち人間とまったく同じようなものだと考えるべきではないこと、などです。私たちには造られたものとしての限界があります。いっぺんにあらゆることを知ることはできません。どこにでもいることはできません。したいことを何でもできるわけではありません。長い間、変わらずにいることもできません。けれども、創造者であるお方には、このような面では限界はありません。ですから、このお方は不可解なお方です。と言っても、何もわからないということではなく、私たちの理解力を超えているということです。自分のところで飼っている犬や猫が私たちのことをすべては理解できないように、私たちもこのお方について、何から何まで理解することはできないのです。ルターがエラスムスに対して、エラスムスの神概念があまりにも人間的であると語ったことがあります。ルターのしていたことは、教会に影響を及ぼしていたすべての合理的な宗教を、その原則において根こそぎにすることでした。ルターは正しかったのです。私たちは、自らの神についての考え方を問い直すことをしなければなりません。

第二に、この創造者と被造物の区別は、世界についての誤解を防ぎます。世界は、その製作者の意思と力によって、現在の安定した状態を保って存在しています。この世界は製作者の所有物ですから、私たちは自分の好きなようにする自由のある所有者ではありません。私たちは管理者として世界の資源の使い方について、所有者であるお方に対して責任があるのです。また、世界はこのお方のものですから、私たちはその価値を低く考えてはなりません。多くの宗教は物質の世界、すなわち、からだを通して経験した現実も、またその現実を経験するからだそのものも悪であるという考え方を基礎としています。ですから、物質的なものはできるかぎり拒絶し、無視するべきであると考えています。この見方は、信奉者たちを非人間化するものであり、時にはこれがキリスト教的な考え方であるかのように言われています。しかし、この考え方は、まったくキリスト教的なものではありません。なぜなら、物質は神によって造られましたから、神の目には、造られたときも、また今も「良い」のです（創世1・31）。ですから、私たちの目にも良いものであるべきなのです（Ⅰテモテ4・4）。私たちはこの世界のものを感謝して用い、楽しみながらその造り主にお仕えします。それはこのお方にとってのこの世界の価値、また私たちに世界を下さったこのお方の気前のよさを知っているからです。造られたもののどの部分であっても、その価値を低くして創造主に仕えようとするのは、実に非人間的な、過度の精神主義です。

第三に、この区別は私たち自身を誤解することから守ってくれます。人は、自分自身の作者ではありませんから、自分自身を自分の主人であると考えることはできません。「神はご自身のために私をお造りになった。ここで神にお仕えするためにお造りになった」のです。私たちに対するこの主人としての神の権利は、私たちが直面しなければならない人生の第一の事実です。その事実に直面しつづけるためには、私たちは神によって造られたものだという健全な感覚を必要としています。

さらに聖書を学ぶために

創造者であられる神

創世記1、2章
イザヤ書45章9―25節

考え、話し合うための質問

- 「……、あれ」という神のことばは、どうして重要なのですか。
- 著者が述べている「創造者と被造物の区別」は、神が人をご自身のかたちに造られたことと、どう関係するのですか。
- 物質界は悪ではないと確信をもって言えるのはなぜですか。

ことばは人となって、私たちの間に住まわれた。私たちはこの方の栄光を見た。父のみもとから来られたひとり子としての栄光である。この方は恵みとまことに満ちておられた。

ヨハネの福音書1章14節

6　イエス・キリストを信ず

「我は……父なる神を信ず。我はその独《ひと》り子《ご》、我らの主、イエス・キリストを信ず」と使徒信条は宣言します。神を「天地の造り主」と呼ぶとき、私たちはヒンドゥー教や東方の宗教全般と袂《たもと》を分かつことになります。イエス・キリストを神のただ一人の御子と呼ぶとき、今度は、ユダヤ教やイスラム教と袂を分かち、ほかに並ぶものはなくなります。イエスをこのようにお呼びすることは、キリスト教の試金石であり、同時にキリスト教を類《たぐ》いまれなものとする要素でもあるのです。新約聖書全体がこのことを主張するために、また弁明するために書かれました。ですから、使徒信条が他の事項について述べるよりもずっと詳しく御子について語っているのに、驚く必要はありません。

キリストが中心

キリストについて述べられている部分は、使徒信条の中心にあります。イエス・キリストについて長く述べられている部分が、御父と聖霊についての短い部分の真ん中に挟まっているからです。それだけでなく、キリストについての項は、使徒信条の内容にとっても中心に位置します。なぜなら、三位一体についても、救いについても、復活や永遠のいのちについても、イエス・キリストを別にしては、知ることができないからです。いま述べた真理のどれをとっても、啓示したお方は、贖《あがな》いのみわざを実行されたイエス・キリストであったのです。

それでは、使徒信条では、イエス・キリストをどのように述べているでしょうか。

「イエス」(「神は救い」を意味するヨシュアのギリシア語名)は、このお方の本名です。この名前によって、イエスが歴史上の人物であり、ガリラヤのナザレ出身のマリアの息子であり、ユダヤ人の元大工で三年間地方のラビ(教師)として働き、紀元三〇年ごろローマの権力者によって殺された人と同一人物であることが示されています。四つの福音書は、その活動をある程度詳しく記しています。

「キリスト」(文字どおりには「油注がれた者」)は姓ではありません。確かに、英語のスミス(鍛冶屋《かじや》)とか、テーラー(仕立屋)、パッカー(荷造り人)、クラーク(書記)などという姓は、昔その人の商売や職業を表していたことがあることはありますが。「キリスト」とは、長老派の人たちだったら「職務称号」とでも呼ぶようなものです。つまり、イエスはユダヤ人が長いこと待ち望んでいた、神に任命された救い主であり王でもあるお方であることを表しているのです。キリストは神のご支配を現実のものとし、全世界の王として迎えられることを期待されていました。ですからイエスをキリストと呼ぶことは、イエスを歴史を決するような立場に置き、どこでも誰《だれ》でもが認めなければならない普遍的な主権をイエスに認めることであったのです。初代のクリスチャンたちは、いま述べたことをはっきりと意識して実行しました。使徒の働きに記録されている説教からそのことがわかります（2・22―36、3・12―26、5・29―32、10・34―43、13・26―41などを参照）。「キリストが死んでよみがえられたのは、死んだ人にも、生きている人にも、主となるためです」（ローマ14・9）。「イエスの名によって、／天にあるもの、地にあるもの、／地の下にあるもののすべてが膝《ひざ》をかがめ」（ピリピ2・10）

また、キリストという称号は、旧約聖書時代に油を注がれた人々の三つの職務、すなわち預言者（神からのメッセンジャー）、祭司（犠牲をささげることによって私たちと神との間を取り持つ）そして、王の職務をキリストが果たされたのだという理解を表しています。

さまざまな役割がこのように結びついていることは、どんなにすばらしいことでしょうか。それは、私たちの実際の必要と関わらせていくときに初めてわかるのです。私たち罪人は、神との正しく親しい関係をいただくために、何が必要なのでしょうか。第一に、私たちは神について無知なので、教えられる必要があります。自分がほとんど知りもしないような人と、満ち足りた関係を持つことは不可能であるからです。第二に、私たちは神と遠い関係にあるので、和解を必要としています。和解しなければ、神に受け入れられないまま、罪が赦されないまま、祝福を受けないまま、父の愛を経験しないまま、神の子どもたちに用意されている相続財産とは無関係のまま、人生を終えなければなりません。第三に、神のために生きるという務めのこととなると、私たちは弱く、目が見えず、愚かです。私たちを導き、守り、力を与えてくださるお方が必要です。旧約時代のイスラエルにおいて、王の役割はまさにそのようなものでした。一人のお方、イエス・キリストのご人格とみわざにおいて、この三つの必要は完全無欠に満たされたのです。ハレルヤ！

私の神の　偉大な預言者よ
私の舌は　あなたの御名を賛美する
われらの救いの喜ばしき知らせ
罪の赦しの喜ばしき知らせ
陰府《よみ》への勝利、天との和解の良き知らせ
すべて、あなたより出る
イエス　私の偉大なる大祭司よ
血を注ぎ　死にたもう
私の心は　罪を覚え

ほかに犠牲を求めず
その力ある血により罪は贖《あがな》われた
いま王座の前にて　その血は私の味方

私の全能なる主よ
私を治める私の王よ
私はほめ歌う　あなたの王笏《おうしゃく》　王剣
あなたの恵み深き統治を
力はあなたにあり　見よ　私はあなたの足元に
喜びをもって座る　あなたのしもべとして

神である主

キリストであるイエス（と使徒信条は述べています）は、神のただ一人の御子です。このように言うことによって、マリアの産んだ男の子が永遠の三位一体の第二位格のお方であること、また、父に任されて世界をお造りになり、今に至るまで世界を支えてこられたことばなるお方であることを表現しているのです（ヨハネ1・1－14、コロサイ1・13－20、ヘブル1・1－3）。信じられないですか。確かに、そうでしょう。けれども、これこそキリスト教の核心なのです。「神のことばは人間になり、私たちの間に住まわれた」（ヨハネ1・14フィリップス訳）のです。

「我らの主」がすぐ次に出てくることばです。もしイエスが神である御子であり、私たちを共同で創造されたお方であり、そしてキリストでもあり、油注がれた救い主である王であり、今や死からよみがえり、治めておられる（使徒信条では、権威と力の場である「全能の父なる神の右に座し」と表現しています）ならば、当然私たちをご支配なさる権威をお持ちになり、私たちにはそれに対して何ら抵抗する権利はありません。イエスはおよそ二千年前にパレスチナ地方において空間と時間に入り込まれました。それと同じように、イエスは私たちの個人的な空間と時間に今も入り込まれます。最初に地上にご自身が来られたときの動機は愛でした。そして、「来て、わたしに従いなさい」と言われました。今も同じです。

それでは、イエスはあなたの主でしょうか。使徒信条を唱える人ならどんな人も、この質問から逃れることはできません。自分の心の中で「私の主」と言ったことがないのに、教会で「我らの主」とどうして言うことができるでしょうか。

さらに聖書を学ぶために

イエス――神であり人であられる

ヘブル人への手紙1章1節―3章6節

考え、話し合うための質問

- 「イエス」という名前は、歴史的に、また今日の私たちにとって、どのような重要性がありますか。
- 「キリスト」という称号は、それを待ち望んでいたユダヤの人々にとって、何を意味していましたか。私たちにとっては何を意味しますか。
- キリストはなぜ、私たちの人生・生活を支配する権利をお持ちになれるのですか。

すると見よ、雲の中から「これはわたしの愛する子。わたしはこれを喜ぶ。彼の言うことを聞け」という声がした。

マタイの福音書17章5節

7 その独り子

父親が若い人を紹介して、「これは私のたった一人の息子です」と言ったとすれば、確かにその息子はその父親にとって、目の中に入れても痛くないほどの存在です。そのことばが父親の愛を表現しています。使徒信条でイエスが神の「独り子《ひとりご》」と呼ばれる場合（ヨハネ1・18、3・16、18の「ひとり子」という表現から来ています）、やはり同じ意味があるのです。イエスは、神のただ一人の御子として、父であるお方の愛を一身に受けておられます。神は、イエスのバプテスマと変貌の際に、自ら天より「これはわたしの愛する子」（マタイ3・17、17・5）と言われて、イエスが御子であることを確証されました。

真の神

それだけでなく、使徒信条におけるこの表現は、ユニテリアン主義やその他の異端に見られるような、イエスの神性を引き下げたり、否定したりする考え方に対する防波堤でもあります。イエスは神の霊感に満ちた単なる善人ではありませんでした。また、すべての被造物の第一者で最良の超天使であり、人間よりもはるかに高い存在なので、礼儀上「神」と呼ばれていたのでもありません（これは四世紀のアリウス派、今日のエホバの証人が主張している考え方です）。イエスは、過去においても、現在においても神のただ一人の御子であり、その父と同じく、真に完全に神であられるのです。イエスは、神のみこころは「すべての人が、父を敬うのと同じように、子を敬うようになる」（ヨハネ5・23）ことだと言われました。ユニテリアン派の人たちをノックアウトしてしまうような発言です。

けれども、三位一体の神において、その三位の間の父子関係について語るのは、単なる神話上の話なのでしょうか。いいえ。イエスご自身がそう語っておられます。イエスは、神を「わたしの父」と呼び、ご自身を「子」（それも、何人かいるうちの一人の子という表現ではなく、特定の「その子」という表現の仕方をしています）と呼ばれました。イエスはほかに類を見ない、永遠の父子関係について語っておられるのです。イエスは人々を同じような父子関係に導くために来てくださったのです。「子と、子が父を現そうと心に定めた者のほかに、父を知っている者はだれもいません」（マタイ11・27）

生まれたるもの

「あらゆる代の先より御父よりただ独り生まれたるもの……造られず」とニカイア信条は語っています。これは四世紀の論争から生まれた表現です。ここで大切なのは次の点です。御子はその生涯の歩みを御父に依存しておられました。それが御子の在り方だからです（ヨハネ6・57「わたしが父によって生きているように」）。それにもかかわらず、御子はご自身神であり、永遠のお方であり、造られた存在ではありません。ただし、これは、御子が御父の後で生まれたとか、御父よりも劣っておられる、というようなことを言おうとしているのではありません。

ヨハネは「そのひとり子」と記していますが（ヨハネ3・16）、英語欽定訳《きんていやく》聖書では「ただ一人生まれた」と訳しています。しかし「生まれた」と言っても、それは神の過去におけるある出来事を指しているのではありません。また、神の現在に属する出来事でもありません。なぜなら、ある特定の時間に起こる出来事は、時間の中で生きている私たち被造物のためにだけ存在するからです。おわかりのように、時間も創造されたものの一部であり、時間を造られたお方は時間によって制限されることはありません。お造りになった空間によって制限されることがないのと同じです。私たちにとっては、生きることは瞬間の連続であり、将来と過去の出来事には（誕生も、どんなことでも）手を伸ばしても届きません。けれども、神にとっては（私たちにはどうやってもイメージが生まれません。推測するしかないのですが）、すべての出来事は永遠の今において、常に現在のものなのです。

ですから、あらゆる代の先の御子の「誕生」（使徒13・33とヘブル1・5、5・5においてキリストについて適用される詩篇2・7での、王の時間的・比喩的な「誕生」――単に王を王座につかせることを意味することば――とは異なります）は、神がもともと単数であったのが複数になった、というような時間的な出来事として考えるべきではありません。むしろ、第一位格のお方はいつも御子に対する御父であり、第二位格のお方はいつも御父に対する御子であるという永遠の関係を示していることとして受け止めるべきなのです。三世紀にオリゲネスは、この思想を御子の「永遠の誕生」と見事に表現しました。これは三位一体なる神のすばらしさの一面を表しています。

神　秘

カルケドン会議による「二性一人格、真の神にして真の人」、またカール・バルトによる「人に向かっては神、神に向かっては人」という受肉の公式は単純なようですが、実際は不可解な内容を持っています。古代の異端は、御子は人間のたましいを持たないまま人のからだを持っていたとか、御子の皮膚一枚の下には常に二つの人格があったと主張します。また現代では、御子の

「受肉」は聖霊の内住の特別な例にすぎないから、イエスは神ではなく、神に満たされた人にすぎないのだと言うような異端があります。そのような異端を批判することは簡単です。けれども受肉が実際にどういう意味なのかを把握することは、私たちの力の及ばないことです。でも心配しないでください。キリストを知るために、いかに神が人となられたかを知ることは必要ないのです。理解できようとできまいと、「ことばは人となっ……た」（ヨハネ1・14）事実はそのまま残るからです。この上ない、心を打たれる奇跡です。愛が受肉を促しました。私たちは受肉について考え込み、そのあげく人間的な理解に引き下げてしまうべきではありません。むしろ、「昨日も今日も、とこしえに変わることが」（ヘブル13・8）ないイエス・キリストを驚き、賞賛し、愛し、賛美するべきです。

あなたのあわれみのご計画のすべてを解き明かしてください
私のために人となりたもう私の神よ
私のたましいはあなたの輝く宮を
私の光、まったき救いとします
知られざる死の陰を通り
あなたのまばゆい王座に私を導いてください

さらに聖書を学ぶために

神が人となられた御子

コロサイ人への手紙1章13―23節

考え、話し合うための質問

- イエスに対して、神の霊感を受けた者とか、よりすぐれた天使であるとか、ある一人の神とお呼びするのでは十分でないのはなぜですか。
- 御子が創造された存在ではないという事実には、どのような重要な意味がありますか。
- キリスト教について考えることは、すなわちキリストと直面することであるのはなぜですか。

見よ、処女が身ごもっている。そして男の子を産み、その名をインマヌエルと呼ぶ。

イザヤ書7章14節

8 おとめマリヤより生まれ

聖書は、神の御子がこの世に来られたのも、またこの世から去られたのも、超自然的な力によると述べています。主がこの世から去られたのは、復活・昇天によるものでしたし、この世に来られたのは処女からの誕生でした。この二つの事柄は旧約聖書の預言の成就でした（処女からの誕生についてはイザヤ7・14を、復活・昇天については53・10－12を参照のこと）。

この「入場と退出」のそれぞれの奇跡は、同じメッセージを語っています。第一に、両方とも、イエスはまさに人間でしたが、人間以上のお方であったことを明確にしています。その地上の生活は、完全に人間としての生活でしたが、同時に神としての生活でした。神とともに創造のみわざをなさったイエスは、この世、それもご自分の世に、訪問者としてやって来られました。イエスは神のもとから来られ、神のもとに帰られたのです。

教父たちは処女降誕を証拠として用いました。それは、イエスが単なる人間ではない真の神であることを証明するためではなく、イエスは幽霊や御使いのように単に人間のように見えるのでもなく、真に人であられたことを証明するためでした。処女降誕が使徒信条の一部とされたのは、ドケティズム（仮現説――単に人間のように見えただけとする考え方）に対する証しのためであったのだと思われます。けれども、処女降誕は、現代のキリスト人性説（イエスはただのすばらしい人間にすぎなかったとする考え方）に対しても、同じ証しの力を持っています。

第二に、これら二つの奇跡は、イエスが罪のないお方であったことを示しています。処女からお生まれになったので、原罪と呼ばれる罪責を受け継ぐことがなかったのです。その人間性は汚されず、その結果、イエスの行動・態度・動機・欲求には汚れがなかったのです。新約聖書はイエスの無罪性を強調しています（ヨハネ8・29、46、ローマ5・18以下、Ⅱコリント5・21、ヘブル4・15、7・26、Ⅰペテロ2・22―24などを参照）。イエスには罪がなかったので、いったんご自身をいけにえとしてささげられた後には、もう死はイエスを抑えつけていることは不可能だったのです。

二つの物語

新約聖書には、処女降誕について二つの相補い合う記事が記されています。互いに独立していることは明らかですが、同時に驚くほど調和しています。それは、マタイの福音書1章にあるヨセフの記事と、ルカの福音書1、2章にあるマリアの記事です。共に誇張のない事実を述べた記事であることを明らかに示しています。古代の歴史家は、自らを芸術家、倫理の実践者として考えていたので、普通はどこから資料を得たかを記しません。しかし、ルカはマリアから直接話を聞いていたことを示唆しています（2・51を1・1―3と比較すること）。

マタイとルカはそれぞれイエスの家系を記しています（マタイ1・2―17、ルカ3・23―38）。この二つの家系を比べて、不可解に思う人がいるようですが、調和させるのに単純な説明の仕方が少なくとも二つあります。一つは、ルカのほうの家系はマリアのほうをたどっていますが、出発点はイエスの父だとされているヨセフです（23節）。これは、当時の習慣では男性から家系図を記すのが普通であったからです。もう一つの説明の仕方は、ルカはヨセフの生物学的な家系を描き、それに対してマタイは王の系列を追って述べているようであるとするものです。（詳しくは、*New Bible Dictionary* の **F. F. Bruce** 教授による「イエス・キリストの系図（Genealogy of Jesus Christ）」を参照。日本語では、『新聖書辞典』〈いのちのことば社刊〉の「系図」の項を参照）

懐疑主義

過去一世紀半の間、イエスの処女降誕と肉体における復活を疑問視する見方は意外に強力でした。この懐疑主義は、奇跡なしのキリスト教を求める理性中心的な考え方から生まれました。今ではその考えは流行遅れになっています（それはよいことです）が、懐疑主義だけはまだどこかに残っています。それは、たばこの臭《にお》いが灰皿を片づけた後でも部屋に漂っているように、クリスチャンの心に粘り強く残っています。永遠の、先在の御子の受肉を、その入場と退出に関わる奇跡を信じることなしに、信じることが可能であることは疑えません（もちろん、それは簡単ではなく、自然でもないのですが）。もっと筋の通らないことを人は信じるものです。けれども、それよりずっと論理的な、いや唯一の合理的な考え方があります。それは、さまざまなほかの根拠に基づきイエスはみことばが肉体をとられたお方として認められるので、これら二つの奇跡は受肉された御子のご生涯という、より大きな奇跡の一部分として、特別な困難を生むわけではないとする考え方です。

確かに、もし処女降誕が奇跡であるという理由のゆえに否定されるなら、論理的には、イエスの肉体における復活も否定されるべきです。この二つの奇跡は同じ重さの価値があるので、どちらかを受け入れ、どちらかを否定することは非合理的です。

マリアは、イエスが誕生するまでは処女でした。けれども、その後もずっと処女でありつづけたと考えるのは、単なる空想でしかありません。福音書は、イエスには弟たち、妹たちがいたことを示しています（マルコ3・31、6・3）。

使徒信条において「聖霊によりてやどり、おとめマリヤより生まれ」とあるのは、受肉の事実を証しするためであり、イエスの母に栄光を帰するためではありません。ところが、不幸なことにローマ・カトリック教会は、神学者の間に「マリア学」を発展させ、信徒の間にマリア礼拝を習慣化させてしまいました。マリアを贖《あがな》いの共働者と考える「マリア学」の根拠は、マリアをイエスのように罪なしに誕生し（無原罪の宿り）、死後すぐに復活の栄光に入った（聖母被昇天）とする非聖書的な教えです。

けれども、本当のマリア、聖書のマリアは、自分を一人の救われた罪人として見ていました。「私の霊は私の救い主である神をたたえます」（ルカ1・47）と言っているとおりです。マリアは私たちにとってすばらしい模範を示しています。世界を祝福される神のご計画に協力することのできる特権（そして犠牲）の模範だけでなく（ルカ1・38、2・35参照）、神の恵みに対する謙遜《けんそん》な応答の模範でもあるのです。親というものは、子どもから何かを学ぶことが苦手です。イエスご自身があるとき、悲しげに「預言者が敬われないのは、自分の郷里、家族の間だけです」（マタイ13・57）と嘆いておられるほどです。けれども、マリアとその家族は、最初はイエスを信じていませんでしたが（マタイ13・57、マルコ3・20以下、31―35、ヨハネ7・3―5参照）、後に生きた信仰を持つようになりました（使徒1・14）。彼らの模範から私たちは何を学んだでしょうか。

さらに聖書を学ぶために

処女降誕

マタイの福音書1章1―25節

ルカの福音書1章26―56節

考え、話し合うための質問

- キリストが地上に来られ、地上から去られることに関する奇跡は、キリストについて何を示していますか。
- イエスの処女降誕とその復活に対して、同じ態度をとるべきであるという意見に賛成しますか。
- ローマ・カトリック教会が伝統としているマリアの姿と比べて、聖書はマリアをどう描写していますか。

私たちはみな、羊のようにさまよい、
それぞれ自分勝手な道に向かって行った。
しかし、主は私たちすべての者の咎《とが》を
彼に負わせた。

イザヤ書53章6節

9　ポンテオ・ピラトのもとに苦しみを受け

科学者とか哲学者の一学派が、あるいはどこかの政党の党員が、自分たちの創設者は法律と秩序を脅かしたために、政府によって死刑に処せられたと、繰り返し言っていると想像してみてください。ところが、それこそクリスチャンが実際に行っていることです。まさに、イエスの十字架刑は使徒信条の中心部分です。「ポンテオ・ピラトのもとに苦しみを受け、十字架につけられ」とあります。これらのことばを後ろから学んでみましょう。

「十字架につけられ」とあります。十字架につけることは、ローマ帝国で犯罪者を処刑する一般的な方法でした。「イエスは十字架につけられた」と言うことは、彼は絞首刑にされたとか、電気椅子《いす》に送られたと言うようなものです。

ピラト

「ポンテオ・ピラトのもとに」イエスは十字架につけられた、とあります。ヒトラーはユダヤ人をガス室に送った人物として覚えられるでしょう。そして、ピラトは、そんなことがなければ無名で終わったかもしれませんが、イエスを殺した人物として歴史に残っているのです。ローマ軍の占領下にあったユダヤ人議会は、誰《だれ》をも処刑することができませんでした。そこで、彼らはイエスがご自分のことを、神である救い主、王、キリストであると告白したことに対して有罪を宣告しました（彼らは、その告白によってイエスは神の神聖を汚していると考えたのです）。その上で、総督にイエスを死刑にするように引き渡しました。

ピラトは手を洗って、象徴的にその件には責任のないことを示しました。この行為はたぶん、今日までで最も愚かなジェスチャーです。それによって、不当な死刑宣告に青信号を出しました。イエスは無罪であるのに、人々を満足させるために、死ななければならないと命令を下したのです。ピラトは、巧みに事を治めたと考えました。でも、あなたにはそうは思えないでしょう。

苦しみ

「苦しみを受け」。このことばは、苦痛を受けるという日常的な意味だけでなく、別の誰かの行為によって影響を受ける対象となるという、より古くまたより広い意味を持っています。ラテン語は「パッスス」で、そこから英語の名詞であるパッション（苦難の意）ということばが生まれました。神と人間が共にイエスの苦しみを生み出したのです。「神が定めた計画と神の予知によって引き渡されたこのイエスを、あなたがたは律法を持たない人々の手によって十字架につけて殺したのです」（使徒2・23、ペテロの最初の説教から）。十字架における神の目的は、十字架につけた人たちの罪と同じくらい、現実的なものでした。

神の目的は何だったのでしょうか。罪人へのあわれみのゆえに、罪に対するさばきを行うことでした。人間の義が的を外してしまったことによって、神が義を示すことになったのです。イエスはその十字架の上で、人が加えることのできるかぎりのあらゆる苦痛、肉体的な苦痛、精神的な苦痛を経験されました。それと同時に、私の罪が受けるにふさわしい神の怒りと拒絶をも経験されたのです。イエスが私の代わりにそこにおられ、私のために和解を成立させてくださったのです。「私たちはみな、羊のようにさまよい、……しかし、主は私たちすべての者の咎《とが》を／彼に負わせた」（イザヤ53・6）

罪なき救い主の死のゆえに
私の罪深きたましいは無罪放免とされ
正しきお方、神は、彼を見て
満足され、私を赦された

宥めのささげ物

キリスト教の中心のそのまた中心と言っていいところに私たちはやってきました。もし、受肉が神殿であるとすれば、贖《あがな》いは確かに至聖所だからです。もし、受肉が最高の奇跡だったとしても、天の歓喜から、カルバリの苦しみと恥への、下り階段への第一歩にすぎませんでした（ピリピ2・5－8）。神の御子が人となられたのは（祈禱書のことばを使えば）、「全世界の罪のための、全き・完全・十分な犠牲・奉献物・償い」としてその血を流すためでした。神は「私たちすべてのために、ご自分の御子さえも惜しむことなく死に渡された」（ローマ8・32）のです。神の愛はそれほどのものだったのです（ローマ5・5－8参照）。

ヨハネは「神は愛です」と宣言しています。偉大で栄光に富んでいますが、誤解されることも多いことばです。ヨハネはこのことばについて説明するとき、物わかりのいいおじさんの慈愛というような概念ではなく、贖いという特別貴重な贈り物についての概念と同じものを用いています。彼は、「神の愛が私たちに示されたのです」と書き、続けて「私たちが神を愛したのではなく、／神が私たちを愛し、／私たちの罪のために、／宥《なだ》めのささげ物としての御子を遣わされました」と説明しています（Iヨハネ4・10）。

キリストの十字架の意味には、多くの面があります。十字架は、罪に対する私たちの犠牲として、宥めのささげ物でした（ローマ3・25、Ⅰヨハネ2・2、4・10、ヘブル2・17参照）。それは、私たちの罪を神の視界から消し去ることによって、私たちに対する神の個人的な刑罰としての怒りを鎮める方法です（英語の改訂標準訳聖書では、この「宥めのささげ物」をexpiationと訳しています。これは私たちの罪を抹消する方法という意味しか表現できず、不適当な訳語です）。私たちの宥めのささげ物であった十字架は、和解でした。つまり、背かれ、疎《うと》まれ、怒っておられる創造者と私たちが互いに平和を取り戻すことです（ローマ5・9―11）。私たち罪人に対する神の敵意を軽く扱うのは賢明なことではありません。私たちがすべきことは、私たちに対して平和をもって怒りに代えてくださった私たちの救い主のみわざを、賛美することです。

さらに、私たちの和解であった十字架は贖い（買い戻し）でした。代価を払うことによっての束縛と悲惨さからの救出です（エペソ1・7、ローマ3・24、黙示録5・9、マルコ10・45参照）。そして、贖いとしての十字架は、私たちを罪と、かつて神の恵みの外側に閉じ込め、今もなお閉じ込めようとするすべての敵対する力への勝利でした（コロサイ2・13―15）。もし、真理全体を把握しようとするなら、これらすべての角度から学ばなければなりません。

神の御子が、「私を愛し、私のためにご自分を与えてくださった」のですから、「私には、私たちの主イエス・キリストの十字架以外に誇りとするものが、決してあってはなりません」（ガラテヤ2・20、6・14）。こうパウロは語りました。私も同じように言うことができることを、神に感謝します。あなたはどうですか。

さらに聖書を学ぶために

十字架の意味

イザヤ書53章
ローマ人への手紙3章19－26節
ヘブル人への手紙10章1－25節

考え、話し合うための質問

- 「苦しみを受け」（ラテン語では「パッスス」）ということばが持っている全体的な意味は何でしょうか。
- 「神も人も共に、イエスの苦しみに責任があった」。このことを説明しなさい。
- キリストの死はあなたの罪とどういう関係があるのですか。

キリストも一度、罪のために苦しみを受けられました。正しい方が正しくない者たちの身代わりになられたのです。それは、肉においては死に渡され、霊においては生かされて、あなたがたを神に導くためでした。

ペテロの手紙第一3章18節

10 陰府にくだり

死は「新しい下品話」だと呼ばれてきました。今日の礼儀正しい人だったら公の席で話題にしようとはしない汚らわしいことだという意味です。しかし、死は話題にしないことはできても、逃れることはできません。人間のいのちについて一つの確かな事実は、ある日、警告があるかもしれませんし、ないかもしれませんが、また、静かにであるかもしれませんし、苦痛に満ちているかもしれませんが、そのいのちがある日終わるということです。では、私の番がやってきたら、死とどう取り組んだらいいのでしょうか。

クリスチャンの勝利

クリスチャンは、聖書に示されているイエスは生きておられることを信じています。また、イエスを救い主、主、友として知っている人たちは、死ぬことを含む人生のあらゆる問題を通り抜ける道を見いだしているのです。なぜなら、「キリストは、私たちを導かれるのに、ご自身が以前通り過ぎられたところより暗いところを通られることはない」からです。ご自身が死を経験されたので、私たちが死を経験している間、私たちを支えることがおできになるのです。そして、主は、私たちが大きな変容を経て、主ご自身が移られた、死を超えたいのちに共にあずかるために、私たちを導いていってくださいます。キリストなしの死は、「恐怖の王」ですが、キリストと共なる死は、「とげ」すなわち、キリストなしの死なら持っているはずの、苦痛を与える力を失うのです。

ピューリタンのジョン・プレストンはこのことを知っていました。死の床にあったとき、死がすぐそばに迫りましたが、死は恐ろしいですかと聞かれたプレストンは、「いいえ。自分のいる場所は変わりますが、私と一緒にいてくださる同伴者は変わりません」とささやくように言いました。別の言い方をすれば、私は多くの友だちとは離れ離れになるが、あの友人だけとは離れない。なぜなら、彼は決して私を見捨てないからだ、ということなのです。

これこそ勝利です。死と、死がもたらす恐れへの勝利です。そして、使徒信条が、イエスの復活を宣言する前に、「主は……陰府《よみ》にくだり」と語るのは、この勝利への道を指し示すためです。この項目は、四世紀になるまで使徒信条の一部としては確立していなかったため、ある教会では使徒信条に含めていませんが、それでも、説明でおわかりのように非常に重要な意味を持っています。

ゲヘナではなく、ハデス

英語で、「陰府」にあたるhell（ヘル）ということばは、英語で使徒信条の形が定まったときとは、その意味が変化しているので、誤解しやすいことばです。元来はギリシア語のハデス、ヘブル語のシェオルに対応する、死者が行く場所のことを意味していました。これこそ使徒信条でhellが表している意味です。使徒信条はペテロのことばを反映しています。ペテロは詩篇16篇10節の「あなたは、私のたましいをよみ（ハデス）に捨て置かず」（英改訂標準訳。欽定訳ではhell）は、イエスが復活されたときに成就した預言であると語りました（使徒2・27—31参照）。けれども、十七世紀以後hellは、不敬虔《ふけいけん》な者への最終的な報いの場を表すことだけに用いられてきました。新約聖書では、ゲヘナがそれに当たります。

しかし、ここで使徒信条が意味しているのは、イエスが入られたのはゲヘナではなく、ハデスであるということです。つまり、イエスは本当に死なれたこと、また復活されたのは、真実の死からであり、見せかけの死からではないことを意味しているのです。

たぶん、「くだり」ということばは（あまりにも明らかなことなので、わざわざ言うまでもないかもしれませんが）、パレスチナからハデスへの道が地中深く下っていくものだ、という意味ではないのだと言うべきでしょう。それは、「よみがえり」（英語ではrose——上った）ということばが、鉱山の縦坑《たてこう》のようなものを上がって地表に戻ったということを意味しないのと同じです。ここで、くだるという表現が用いられているのは、ハデスは肉体を離れたたましいの行く場所であり、地上におけるいのちよりも、価値と尊厳において「低い」ためだからです。地上においては、体とたましいは一つとなっており、そういう意味において、人間性が完全なのです。

ハデスにおけるイエス

「肉においては死に渡され、霊においては生かされて」（Iペテロ3・18）、イエスはハデスに入られました。聖書は、ハデスにおいてイエスが何をなされたかを短く述べています。

第一に、イエスがそこにおられることによって、悔い改めた一人の強盗のためにハデスをパラダイス（喜びの場所）に変えられました（ルカ23・43参照）。それは、たぶん、イエスが地上で奉仕しておられる間にイエスを信じて死んだ人すべてのためでもあり、また、同様に今日、亡くなった信仰者のためにも、そうしてくださるのです（ピリピ1・21―23、IIコリント5・6―8参照）。

第二に、イエスは旧約聖書時代の信仰者たちの霊を完全にしてくださいました（ヘブル12・23。11・40も参照）。それまでは、シェオル（よみ）にいた（詩篇88・3―6、10―12参照）旧約聖書時代の信仰者をそこから連れ出し、この同じパラダイスの経験へと導かれました。「キリストの地獄降り」（訳注――イエスが地獄に行って、サタンの虜になっていた人々を解放した）という空想的な考え方が中世以後ありましたが、その空想の裏には真理の核心があります。

第三に、ペテロの手紙第一3章19節以下で、イエスは「その霊においてキリストは、捕らわれている霊たちのところに行って宣言されました〔別訳「宣べ伝《の》えられ《つた》ました」〕。かつてノアの時代に、箱舟が造られていた間、神が忍耐して待っておられたときに従わなかった霊たちにです」と述べられています。この「捕らわれている霊たち」とは、おそらくペテロの手紙第二2章4節以下で語られている罪を犯した御使いたちであり、また創世記6章1－4節の「神の子ら」でもあるのでしょう。「宣言されました〔別訳「宣べ伝えられました」〕」とは、その御国について語られ、また世界の審判者として命令を下されたことを意味しているのでしょう。この一つの本文に根拠を置いて、この世で福音を聞かなかったすべての人々、あるいは、聞いたけれども拒絶したすべての人々が、次の世においても、その人たちに向けて福音が語られて救われるという希望を持つ人たちもいます。けれども、ペテロのことばには、そのような結論を保証する点はまったくありません。

けれども、イエスがハデスに入られたことの重要性は、以上の点にあるのではありません。ただ一つ、死がやってきたとき、私たちはひとりぼっちではないことを知って、死に直面することができるのだという事実こそが重要なのです。イエスは、私たちよりも前にそこにおられ、私たちをいつまでも助けてくださるのです。

さらに聖書を学ぶために

死に対するクリスチャンの態度

ピリピ人への手紙1章19―26節
コリント人への手紙第二5章1―10節
テモテへの手紙第二4章6―18節

考え、話し合うための質問

- ハデス・シェオル・ゲヘナという聖書に出てくる用語をそれぞれ定義しなさい。
- キリストは真に死を経験されたということをどのようにして知ることができますか。この事実には、どのような重要性がありますか。
- 死に直面するとき、キリストを信じているのと、そうでないのとでは、どのような違いがありますか。

そして、もしキリストがよみがえらなかったとしたら、あなたがたの
信仰は空《むな》しく、あなたがたは今もなお自分の罪の中にいます。

コリント人への手紙第一15章17節

11　三日目に

イエスが十字架で死なれて、ずっとそのままの状態であったと想像してみてください。ソクラテスや孔子のように、単なる美しい思い出の人でしかないと想像してみてください。それで構わないのではないでしょうか。死なれたままだとしても、その模範や教えは手にしています。それで十分なのではないでしょうか。

イエスの復活は重大事である

十分なのでしょうか。いいえ、キリスト教にとっては十分ではありません。もし、イエスがよみがえらず、死んだままでおられたなら、キリスト教の基礎が崩れ去ってしまうのです。なぜなら、次の四つのことが実際のこととなるのです。

第一に、パウロのコリント人への手紙第一15章17節のことばを引用すれば、「もしキリストがよみがえらなかったとしたら、あなたがたの信仰は空しく、あなたがたは今もなお自分の罪の中にいます」。

第二のことは、私たちの復活の希望がなくなってしまうことです。私たちもまた、死んだままでいると思わなければなりません。

第三に言えること。それは、もしイエス・キリストがよみがえらなかったら、今、この世を治めてはおられず、戻られることもなく、使徒信条の「苦しみを受け……死にて葬られ」以下のすべての項目は削除されなければなりません。

第四に、キリスト教は、初代クリスチャンが考えていたようなものであるはずがなくなります。初代のクリスチャンは、キリスト教信仰とは、生きておられる主、すなわち福音書のイエスとの交わりであると考えていたのです。それでも福音書のイエスは、あなたの英雄であるかもしれません。でも、もしイエスがよみがえられなかったなら、あなたの救い主にはなれないのです。

歴史の事実

イエスの復活が歴史の事実であることを示すために、使徒信条は「三日目」とその時を語っています。三日と言う場合、イエスが紀元三〇年に「ポンテオ・ピラトのもとに……十字架につけられ」たその日を含める古代の計算法に従っています。まさにその日、パレスチナの首都エルサレムで、イエスはよみがえられ、岩に掘った墓をからにされました。死は完全に克服されたのです。

復活が事実として起きたことを私たちは確信できるのでしょうか。証拠はそろっています。墓はからでしたし、誰《だれ》も死体を提示することはできませんでした。その後一か月以上も弟子たちは生きておられるイエスに何度もお会いしました。それは、いつも予期していないときでしたし、たいていの場合はグループ（二人から五百人の間）でいるときにお会いしたのです。このような場合、幻覚であるはずはありません。

弟子たちにとっては、復活されたイエスが幻想ではないことは確かなことでした。嘲笑《ちょうしょう》・迫害、さらには死に直面してさえも、イエスがよみがえられたことをたゆまず宣《の》べ伝《つた》えました。それは、弟子たちがイエスの死体を盗んだという悪意に満ちたうわさ（マタイ28・11－15参照）を否定するのに大いに役に立ちます。

十九世紀以上にわたるキリスト教会の集団としての経験も、イエスが復活されたという信仰と一致しています。確かに復活された主は、「人生のつらい歩みの中でも私と共に歩み、私と語られる」お方でしたし、イエスとの交わりは、クリスチャンとしての現実認識の大切な部分を占めているからです。

この証拠のいずれを見ても、イエスが事実復活されたことを前提にしなければ、意味をなさないのです。

ここでC・F・D・モール教授のチャレンジを紹介しましょう。「もし、このナザレ人が存在するようになったこと、すなわち新約聖書で明白に証言されている現象が、歴史に大きな穴、それもその復活ほどの大きさと形の穴を開けるとしたら、世俗の歴史家は何をもってその穴をふさごうと提案するのだろうか」。客観的な歴史的な出来事としてのイエスの復活を否定すれば、実際の歴史への影響は説明ができなくなります。

証拠に直面するなら

とある公開討論会で、あるクリスチャンが、懐疑的な相手に対し、その相手には自分よりも大きな信仰があると論じました。彼はこう言ったのです。「なぜなら、こうした証拠を前にして、私は、イエスがよみがえらなかったとは信じられない。でもあなたは、彼はよみがえらなかったと信じることができるからです」。実際、復活を受け入れることよりも、信じないほうがずっと難しいのです。あなたは、そういうふうに考えたことがありませんか。イエス・キリストを神の御子、生ける救い主と信じること、そして、一度は主の復活を疑ったトマスのことば「私の主、私の神」を自分のことばとして繰り返すことは、確かに理性を働かせる以上のことです。しかし、証拠を前にするとき、復活を信じることは人ができるただ一つの理性的・合理的なことなのです。

イエスの復活が意味するもの

イエスの復活には、どういう重要性があるのでしょうか。一言で言えば、イエスが神の御子であることを明らかにしたのです（ローマ1・4）。復活によって、イエスの義が証しされました（ヨハネ16・10）。死への勝利が証明されました（使徒2・24）。信仰者の罪の赦しと義認が保証されました（Ⅰコリント15・17、ローマ4・25）。また、信仰者自身が将来、復活することも保証されました（Ⅰコリント15・18）。そして、今のときも復活のいのちの現実に信仰者を導き入れられるのです（ローマ6・4）。なんとすばらしいことでしょう。イエスのよみがえりを、これまで起きたことの中で最も希望に満ちたこととして語ることができるのです。そして、そう語るのは正しいのです。

さらに聖書を学ぶために

イエスの復活

ヨハネの福音書20章1―18節
コリント人への手紙第一15章1―28節

考え、話し合うための質問

- もしキリストがよみがえられなかったら、キリスト教はどのようなものに変わってしまうでしょうか。
- イエスが復活されたことには、どういう証拠がありますか。
- パッカー博士が、キリストがよみがえったと信じることは「人ができるただ一つの理性的・合理的なこと」であると言うのはなぜですか。あなたは同意しますか。

だれが、私たちを罪ありとするのですか。死んでくださった方、いや、
よみがえられた方であるキリスト・イエスが、神の右の座に着き、し
かも私たちのために、とりなしていてくださるのです。

ローマ人への手紙8章34節

12 天にのぼり

「のぼり」ということばは、イエスの「わたしは、……上る」（ヨハネ20・17。6・62も参照）ということばを反映しています。「天に」ということばは、イエスの昇天の記事にある御使いのことば、「あなたがたを離れて天に上げられたこのイエス」（使徒1・11）ということばを反映しています。けれども、「天」とは何でしょう。空でしょうか。宇宙空間でしょうか。使徒信条は、イエスが最初の宇宙飛行士だと言っているのでしょうか。そうではありません。使徒信条も聖書もそれとは違ったことを語っています。

天とは何か

聖書における「天」には三つの意味があります。一、神の終わりのない、自己維持的ないのち。二、この意味では、神はまだ地球が存在しなかったときにも、いつも「天」に住んでおられました。御使いや人間が神のいのちにあずかるときの状態。現在、前味として味わうこと、また将来、完全なかたちで味わうことの両方を含みます。この意味で、クリスチャンの報い・宝・資産はすべて「天に」あり、天はクリスチャンの最終的な希望を簡潔に表現しています。三、空。それは、私たちの上にあり、私たちが知っているどんなものよりも無限というものに似ており、神の永遠のいのちの象徴です。それは、虹《にじ》が、神の永遠の契約の象徴であるのと同じです（創世9・8―17参照）。

聖書と使徒信条は、イエスが復活されて四十日後の昇天によって、イエスは第二の意味における天に入られたこと、それも、新しい、重要な意味のある仕方で入られたことを伝えています。それゆえ、主は「全能の父なる神の右に座し」、父の名前によって、また、その民の長期にわたる幸せのために父の全能をもって、すべてのものを治めておられます。「神の右に」とは、宮殿のような場所ではなく、王としての働きを意味しています。使徒の働き2章33節以下、ローマ人への手紙8章34節、エペソ人への手紙1章20節以下、ヘブル人への手紙1章3、13節、10章12節以下、12章2節などを読んでください。主は、「もろもろの天よりも高く上られ」ました（すなわち、その受肉前の生活に戻られたのです。その生活は創造されたどのようなものにも制限を受けることのないものです）。それは、「すべてのものを満たすため」でした（つまり、その王としての力をあらゆる場所で施行させるためでした。エペソ4・10参照）。「上り」とは、もちろん、最高の威厳と力へ高く上げられたことを意味する象徴的なことばです。

昇　天

ですから、昇天のときに起きたのは、イエスが宇宙飛行士になったというのではなく、イエスの弟子たちが変貌の山のときのように、しるしを見せられたということなのです。C・S・ルイスはこう言っています。「彼らは最初に短い垂直な動きを見た。それから、ほのかな光（おそらくは「雲」ということばが意味しているもの）を見た。そして何も見えなくなった」。別の言い方をすれば、イエスがさばきのために戻られるまでの期間、すべてのものを治めるために、最後に人間の視界から去られたとき、その有様は弟子たちの肉の目には、第三の意味における天に上られるかのように、提示されたのです。このことで私たちは頭を抱える必要はありません。いずれにせよ、去らなければならなかったのです。可能な方法として考えられるのは、上に昇るか下に降るか、横に行くか行方《ゆくえ》を見失ったか、急に消えてしまうかのいずれかです。このうち、どれがイエスがそれ以後、栄光のうちに支配されることをはっきりと表すでしょうか。答えはおのずと明らかです。

ですから昇天の記事が語るメッセージは、「救い主イエスは支配しておられる」ということです。

天にある私たちの心

哲学者たちがまじめな顔で、人間の最良の選択は自殺であると勧めていたような疲れきった時代において、初代のクリスチャンたちは、どんなに世界が自分の上にのしかかってくるように見えようと、まったく意に介さず、確固とした、明るい楽観主義に生きていました。その態度は人々に強い印象を与えました。クリスチャンたちは、自分たちのほうが世界より上で生きているように感じつづけていました。(現代でも、クリスチャンたちが十分にクリスチャンらしく楽観的な態度を表すときに、同じように強い印象を与えるのです。) その秘密は、三つの確信にありましたし、今でもそれは変わりません。

第一は、神の世界に関わることです。その確かさは、キリストが確かに世界を支配しておられること、キリストが、世界を治めていた暗闇《くらやみ》の力に対して決定的な勝利を収められたこと、そして、この事実が明らかになるのは時間の問題であることです。サタンに対する神の戦いは、チェスの試合ですでに勝負は明らかなのに、負けている棋士がまだ諦《あきら》めていないようなものであり、また、人間同士の争いの最後の段階で、敗北した敵が逆襲をしかけてきたようなものです。どんなに強烈で回数が多くても成功するはずがなく、勝利者の戦略の中では、単なる掃討作戦の一部に含まれています。私は、私たちの「ＡＤ」(アノ・ドミニ——主の年)という暦の計算の仕方について、この暦は、意図的にイエスの誕生から始めていますが（たぶん、実際より数年遅れで）、むしろ、十字架・復活・昇天の年から計算したほうがよかったのではないかと考えています。そのときにこそ、イエスが主であることが今日のように宇宙的な事実となったからです。

第二の確信は、神のキリストに関することです。その確信は、私たちの支配者である主は、私たちのために「とりなして」おられるということです（ローマ8・34、ヘブル7・25）。それは、私たちが「恵みをいただいて、折にかなった助けを受けるために」（ヘブル4・16）、主が私たちを「とりなしてくださる方」として「神の御前に現れて」くださる、という意味です（ヘブル9・24、Iヨハネ2・1）。その結果、神の愛に包まれて最後まで守られるのです（ヨハネ10・27―29の良き羊飼いによる保証を参照）。「とりなし」とは、おなさけを求めて訴えることではなく、他者の利益のためにお願いをし、そのために行動を起こす主権と権力とを持っておられるお方が仲介をしてくださることとなのです。私たちの主が王座におられる祭司・王、自ら私たちの宥《なだ》めのささげ物として、天におられ、そこで生きておられること自体がとりなしであると、確かに言うことができます。主が天におられることだけでも、私たちへの恵み、そして栄光をも保証しているのです。

十八世紀の一つの詩が、この確信を心踊らせるようなことばで歌っています。

愛が汝《なんじ》を死に移せり

これに我より頼む
我が救い主、我を愛せしも、そのわけを我知らず
しかれども、我これを見いだせり
我ら二人は結ばれしゆえ
主は我を後に置きて、栄光に入られることなきを

第三の確信は、神の民に関わることです。その確信は、神が与えてくださる経験と、また神が教えてくださる理解に関する事柄です。その確信は、クリスチャンが、今ここで、父と御子との交わりという人の目に隠れた生活を楽しんでいるということです。この交わりは、どんなことも、死それ自体も邪魔することのできないものです。なぜなら、この交わりは、すでに来《きた》るべき世での生活が始まっていること、天での生活がこの地上で味わわれていることを意味しているからです。この経験を説明するなら（すべての神の民は、ある程度まで知っていることですが）、信仰者は、事実、死を通りすぎて（肉体のではなく、人格的・精神的な出来事として）、かなたにある永遠のいのちに入れられています。「あなたがたはすでに死んでいて、あなたがたのいのちは、キリストとともに神のうちに隠されているのです」（コロサイ3・3。2・12、ローマ6・3、4も参照）。「神は……死んでいた私たちを、キリストとともに生かし……キリスト・イエスにあって、私たち

をともによみがえらせ、ともに天上に座らせてくださいました」（エペソ2・4以下）

昇天日のための英国国教会祈禱文《きとうぶん》に、こういう祈りがあります。「全能の神よ、御子イエス・キリストの天に昇りましししことを信ぜしめ給えり。願わくは我らの心を天に昇らせ、常に父と聖霊と一体の神にましますま主イエス・キリストとともにおらしめ給え」。私たちも、これら三つの確信の力をいただいて、そのように実行できますように。

さらに聖書を学ぶために

昇天の意義

使徒の働き1章1―11節

エペソ人への手紙1章15節―2章10節

考え、話し合うための質問

- イエスが天に昇られたというのは、どういう意味ですか。
- イエスは、どこに戻られたのですか。
- キリストは、今、何をしておられるのですか。この天における私たちのための奉仕は、どういう点で重要なのですか。

ですから、あなたがたも用心していなさい。人の子は思いがけない時に来るのです。

マタイの福音書24章44節

13　かしこよりきたりて

使徒信条の核となっているのは、イエス・キリストの過去・現在・未来に対する証言です。すなわち、過去におけるイエスの誕生・死・復活・昇天。現在におけるご支配。そして、将来いつか、さばきのために再び来られることの証言です。イエスが来られることによって、使徒信条が語るように、私たちのからだのよみがえりと、完全な意味での永遠のいのちがそれに伴います。そのときに、新しい宇宙の秩序も始まります。大いなる日がやってきます（マタイ25・14－46、ヨハネ5・25－29、ローマ8・18－24、Ⅱペテロ3・10－13、黙示録20・11－21・4などを参照）。

クリスチャンの希望

この箇所ほど、人生の大憲章としての使徒信条の力がはっきりと示されているところはありません。今日、人々は希望を失っているために悲観主義が広がっています。将来に予期しているのは、核爆弾か、破産か、退屈な老年ぐらいなもので、どれを取っても価値のあるものとは言えません。共産主義やエホバの証人は、地上における天国という明るい希望を提供して人々を引きつけようとします。前者の場合は革命を経て、後者の場合はハルマゲドンの戦いを経て、天国が到来すると言うのです。しかし、クリスチャンたちは、その二つに勝る希望をいただいています。それは、バニヤンの『天路歴程』に出てくるスタンドファスト氏が、「私が行こうとしている所に対する思いが、真っ赤な石炭のように私の心の中で燃えている」と言った、その希望です。使徒信条が、「かしこよりきたりて」と宣言するとき、この希望に焦点を当てているのです。

ある意味で、クリスチャンが死を迎えたとき、キリストは誰《だれ》にでも来てくださいます。けれども、使徒信条は、イエスが公に歴史に決着をつけ、すべての人をさばくために来られる日を見ています。すべての人がさばかれると言う場合、クリスチャンはクリスチャンとしてさばかれます。すでに受け入れられていますが、「血で買った無償のご褒美」がクリスチャンの奉仕の忠実さに応じて待っているのです。主に逆らう者は、初めに逆らった主人によって、反逆者として拒絶されます。イエスのさばきは、「正しいさばき」（Ⅱテモテ4・8、ローマ2・5―11と比較）であり、倫理的な問題は何もありません。

確実かつ栄光に満ち

キリストの再臨は決して起きないと考える人もいます。けれども、神のことばは再臨を支持しています。現代のまじめな科学者たちは、私たちの世界の終わりが核爆弾や環境的な大変異によってやってくるのはかなり確実なことであると語っています。キリストの再臨は、想像しがたいことです。けれども、人の想像力で神の力を計ることはできません。現在、数限りない人々に同時に霊的に臨んでおられるイエスは、そのときが来たら、よみがえった民に対して、目に見える形でご自身をお現しになることができるはずです。いつイエスが来られるかはわかりません（ですから私たちはいつも用意ができていなければなりません）。また、どのように来られるかも知らされていません（爆弾の爆発の中でということは、ありえないことでしょうか）。けれども、「私たちは、キリストが現れたときに、キリストに似た者になることは知っています。キリストをありのままに見るからです」（Ⅰヨハネ3・2）。これだけでも十分な知識です。「主イエスよ、来てください」（黙示録22・20）

光を失った真理

キリストが戻ってこられるという希望は、新約聖書のクリスチャンたちに感動を呼び起こしました。新約聖書では、キリストの再臨について、三百回以上も証言されています。平均すると十三節に一度の割合になります。けれども、私たちにとっては、感動というよりも、厄介な事柄です。「使徒信条のシンデレラ」という表現があります。これは、かつて聖霊について言われたのですが、現在ではキリストの再臨のことだと言ったほうが適切です。なぜ、再臨はこのように光を失ってしまったのでしょうか。これには四つの理由があるように思われます。

第一に、現代は反動の時代です。百五十年ほど続いた熱心な預言研究がその精神として、教会について祈りを欠いた悲観主義を表すようになったことと、世界については運命論的な見方をして遊離したような態度を表すようになったことに対する反動です。この精神および、その精神に伴っていたキリストの再臨のしるしと時の両方についての独断的な主張（マルコ13・32や使徒1・7のことばにもかかわらず）は、まったく正当性を欠いていました。そこで、この再臨という主題に悪評を招いてしまったのです。

第二に、現代は懐疑の時代です。本当にキリストがそのご人格をもって、また肉体をもって、よみがえり、昇天したのかと問うのです。この懐疑は、当然の結果として、キリストと再びお会いできる希望を持ちうるのかどうかという、迷いを起こすような疑いを生み出します。

第三に、現代は臆病の時代です。クリスチャンは、西欧の世俗主義やマルキシズムのイデオロギーが物質的な事柄だけで満足していることに疑いを感じながらも、人々が「この世的なこと」に夢中になっていることに警鐘を鳴らすことをためらっています。それは、クリスチャンが社会的・経済的正義について何もしていないという反論を受けることを恐れているからです。そのためにキリストがこの世に終わりをもたらされるという事実、また、クリスチャンの希望の最上の部分がこの世の向こう側に存在するという事実が、軽視されているのです。

第四に、現代は世俗指向の時代です。少なくとも、西欧の豊かなクリスチャンの間ではそうです。私たちは、キリストがまたお現れになるときに、私たちに持ってきてくださるよりよいものについて、考えることがどんどん少なくなっています。私たちの思いが、この地上で楽しんでいるよいものにますます飲み込まれているからです。誰《だれ》も、迫害や、欠乏が他の人に及ぶようには願わないでしょう。けれども、この時点で、それらの事柄が私たちに益になることを誰《だれ》が否定できるでしょうか。

この四つの態度はすべて不健康であり、ふさわしくないものです。このような態度を私たちが乗り越えることを神が助けてくださいますように。

備えよ常に

救い主は、弟子たちに「用心していなさい。人の子は、思いがけない時に来るのです」（マタイ24・44）と言われました。どうしたら、用心していることができるのでしょうか。神と人々との間の勘定をすぐに清算しておくことによってです。イエスが私たちにそうしなさいと言われたように、その日その日を生きることです（マタイ6・34）。そして、ケン主教が作った讃美歌の歌詞にある「日々、最後の日であるかのように送れ」という助言を受け止めることです。予算や計画は普通の長さの年月で立てても、精神的には、いつどんなときでも、荷造りをして出ていく準備をしていること。これこそ私たちの日々の主との交わりにおける訓練の一部であるべきことです。主が来られるとき、主の民がリバイバルのために祈り、世界宣教を計画しているのを見ていただくことは必要です。しかし、それでも、荷造りをし、すぐに出発する準備をしているべきです。もし、ボーイスカウトたちが、普通に起こりうるどんなことのためにも、「備えよ常に」というモットーによって現実に生活しているのなら、なぜクリスチャンたちは、キリストが戻ってこられるという重大な出来事にも当てはまるこのモットーを、どうしてなかなか自分のものにしようとしないのでしょうか。

さらに聖書を学ぶために

キリストの再臨に対するクリスチャンの態度

ルカの福音書12章35―48節
テサロニケ人への手紙第一 4章13節―5章11節
ペテロの手紙第二 3章

考え、話し合うための質問

- キリストがいつか来られることは、どういう意味で希望の理由であるのですか。
- キリストは戻ってこられるとき、何をなさいますか。このことを知っているあなたは、どういう態度をとりますか。
- キリストの再臨について、聖書が私たちに語っていないことはどういうことですか。なぜ神は、詳しい情報を教えられないのだと思いますか。

そしてわたしが父にお願いすると、父はもう一人の助け主をお与えくださり、その助け主がいつまでも、あなたがたとともにいるようにしてくださいます。この方は真理の御霊です。世はこの方を見ることも知ることもないので、受け入れることができません。あなたがたは、この方を知っています。この方はあなたがたとともにおられ、また、あなたがたのうちにおられるようになるのです。

ヨハネの福音書14章16—17節

14　聖霊を信ず

「聖霊を信ず」から、使徒信条の第三の部分が始まります。父の創造のみわざと、御子の救いのみわざから、今度は一転して御霊の再創造のみわざに移ります。つまり、人は実際にキリストにおいて、また、キリストを通して新たなものとされるのです。そこで、教会（新しい共同体）、罪の赦し（新しい関係）、よみがえり（新しい存在）、永遠のいのち（新しい到達点）という事柄が聞こえてくるのです。けれども、最初に来ているのは、霊であるお方ご自身への信仰告白です。

キリストの御霊

御霊は神であられます（「聖霊」の「聖」がそれを物語っています）。御霊は活動されるお方であり、神の「行政官」であるお方です。それは確かです。しかし、何を目指して働かれるのでしょうか。このことに関しては誤った教えが多くあります。御霊を、神秘的な状態や、芸術的な霊感に関連して考える人がいます。このような考え方は、キリスト教の立場でも、異教の立場でも共にあります。また、御霊を普通では起きないクリスチャンの経験とだけ関連づける人もいます。一般の用語を使うとすれば、「ハイ（感情が高まった状態）」を感じることです。つまり、幻を求めたり、啓示を受けたり、異言で語ったり、癒《い》やしたりということです。それらの事柄は、御霊ご自身から出ているとしても、その働きから言えば、第二義的な要素です。

旧約聖書では、神の霊を創造との関わりで語っています。神の創造にも（創世1・2）、人間がする創造的な活動にも神の霊が関わっていることを述べています（出エジプト31・1－6）。神に代わって語る者に霊感を与えるのも神の霊です（イザヤ61・1。ニカイア信条では、御霊は「預言者によって語った」と言っています）。また、神のしもべたちを整え、力を与えるお方です（士師や王など。例えば士師13・25、14・19、イザヤ11・2、ゼカリヤ4・6）。また、個人個人に、そして共同体に敬虔《けいけん》さを生み出します（詩篇51・11、エゼキエル36・26以下、37・1－14、ゼカリヤ12・10）。新約聖書では、このすべてがより深い意味を持つようになります。御霊は父と御子とは区別される人格的なお方として示されています。そして、キリストの御霊だと言われています（ローマ8・9、Ⅰペテロ1・11）。

御霊の働きについて、新約聖書の見方を理解する鍵《かぎ》は、御霊の使命が、父の使命と同じであることを知ることです。つまり、栄光と賛美が御子に帰されることです。したがって次のように言うことができます。

第一に、御霊は、御子の地上の生涯の始めから終わりまで、つまり使徒信条の言うように、「聖霊によりてやど」った（マタイ1・20参照）そのときから御子に仕えられました。御子のバプテスマのとき、御霊が鳩《はと》のように降られたことは、御子が御霊をお与えになるばかりでなく、ご自身が御霊に満たされたお方であることを表しています（ルカ4・1。14、18節も参照）。御子がご自身を私たちの犠牲のためにささげられたのは、「とこしえの御霊によって」でした（ヘブル9・14）。

第二に、御霊は現在イエスに代わって「もうひとりの助け主」（慰め主・支持者・弁護者・励まし手）として、働いておられます。御霊は福音を通して私たちにイエスを示し、信仰によってイエスに結びつけ、私たちを「主と同じかたち」に変えるために内に住んで、私たちのうちに「御霊の実」を実らせてくださいます（Ⅱコリント3・18、ガラテヤ5・22以下）。

「御霊は（御霊自身でなく）わたし（イエス）の栄光を現されます。わたしのものを受けて、あなたがたに伝えてくださるからです」（ヨハネ16・14）。イエスのことばは、御霊の謙遜《けんそん》な性質を表しています。御霊はキリストに向けられた照明器としての働きをします。ですから、私たちの目に映るのは御霊ではなく、キリストなのです。福音が説教されるとき、全体を通してイエスが私たちの前に提示されます。イエスは、わたしのもとに来なさい、わたしに従いなさい、と言われます。私たちの意識に対しては、私たちが信仰の耳をもって福音を聞くとき、御霊は言わば私たちの肩越しからイエスに光を照らすかのように私たちの後ろに立ち、「イエスのところに行きなさい。イエスと関わりを持ちなさい」と常に促すのです。そこで、私たちはイエスのもとに行きます。このようにして私たちはクリスチャンとして生きるようになるのです。

証しと奉仕

御霊は証しをし、教えます（Ⅰヨハネ5・6以下、2・27。4・2以下も参照）。すなわち、第一に御霊は福音書のイエス、新約聖書のキリストは、本当に存在され、「私たち人間、そして私たちの救いのため」（ニカイア信条）であるお方であることを、私たちに確信させてくださいます。第二に、御霊は私たちが信仰者として神の子どもであり、キリストと共に神の相続人であることを私たちに保証してくださいます（ローマ8・16以下）。第三に、御霊は、御霊の証しによって私たちが知るようになったキリストを証しするように、私たちを動かしてくださいます（ヨハネ15・26参照）。御霊が証しすることによって生じる結果は、今まで現されていなかったことについて個人的に啓示を受けるということではなく、聖書において初めから「そこに」あったが、気がつかれないままであった神の公の証しを個人的に受け入れることなのです。パウロは、この御霊の証しの働きを「あなたがたの心の目がはっきり見えるように」（エペソ1・18）と表現しています。

御霊の働きについての第三のこととして、御霊はあらゆるクリスチャンに複数の賜物《たまもの》（すなわち、神と人とに仕えることにおいて、キリストを表す能力）を与えてくださいます。それによって、キリストのからだである教会における「全員の奉仕」が現実のものとなるのです（Ⅰコリント

12・4―7、エペソ4・11―16）。この多様な奉仕は、キリストご自身が私たちをその手とし、足とし、口として用いて、天から引き続き働かれているその奉仕そのものです。また、御霊が賜物をお与えになるのは、御霊の側から言えば、さらに引き続きキリストに仕え、キリストの栄光を現すためであると理解するべきです。それによって、キリストが人に対して人格的なみわざを続けることがおできになるからです。

御霊のしるし

では、自己を目立たせないキリストの御霊が働いておられるしるしは何でしょうか。神秘的な興奮状態ではありません。幻や啓示と思われるようなものでもありません。癒《い》やし、異言、さらに奇跡のように見えるものでさえもありません。なぜなら、サタンは私たちの心身の複雑さや堕落した状態につけこんで、すべてこれらの現象を生み出すことができるからです（Ⅱテサロニケ2・9以下、コロサイ2・18参照）。ただ一つの確かなしるしは、聖書のキリストがその恵みのゆえに認められ、信頼され、愛されること、そして、その栄光のために仕えられることであり、また信仰者が罪からきよい生活、すなわちキリストの民のうちにあるキリストの姿（Ⅰコリント12・3、Ⅱコリント3・17）に、実際に向かっていくことです。これらのことを基準にして、現代の「カリスマ運動」やクリスチャン・サイエンスなどを判断しなければなりません（たぶん、これら二つの例においては、それぞれ別の結論が下されるでしょうが）。

ですから、私が一人のクリスチャンとして「我は聖霊を信ず」と告白するとき、次のことを意味しているのです。第一に、新約聖書の生けるキリストとの空間と時間を超えた人格的な交わりは現実のものであり、その現実性は御霊によって私が発見したということです。第二に、私は、私の内に住んでおられる御霊によって、クリスチャンとしての知識・従順・奉仕に導かれることに心を開いており、毎日そのように導かれることを期待しているということです。そして第三に、私が神の子どもであり相続人であるという確信を生み出したお方として、御霊をあがめるということです。実に、聖霊を信ずることは、栄光あることではないでしょうか。

さらに聖書を学ぶために

御霊の奉仕

ヨハネの福音書7章37―39節、14章15―26節、16章7―15節

ローマ人への手紙8章1―17節

考え、話し合うための質問

- 御霊のみわざは、御父や御子のみわざとどういう点で違いますか。

- 聖霊は、「イエスの代行者」として何をなさるのですか。
- 自分はクリスチャンであると言っている人が、自分は聖霊の働きを今まで経験したことがないのではと疑っていたら、どのように話しますか。

あなたがた自身も生ける石として霊の家に築き上げられ、神に喜ばれる霊のいけにえをイエス・キリストを通して献《ささ》げる、聖なる祭司となります。……あなたがたは選ばれた種族、王である祭司、聖なる国民、神のものとされた民です。それは、あなたがたを闇《やみ》の中から、ご自分の驚くべき光の中に召してくださった方の栄誉を、あなたがたが告げ知らせるためです。

ペテロの手紙第一2章5、9節

15　聖なる公同の教会

使徒信条は厳密な神学的論理によって、聖霊に対する信頼を教会のことに移る前に告白しています。また、同じように、個人的な救い（赦し、復活、永遠のいのち）を述べる前に、教会のことを語っています。それは、御父と御子が教会を愛し、御子が教会を買い戻してくださったのですが、それにもかかわらず、教会を現実に創造なさったのは、信仰を生み出した聖霊であられるからです。また、普通の場合、個人的な救いを人々が自分のものとしていくのは、教会において、その活動と交わりを通してであるからです。

不幸なことに、この点において一つの分裂があります。ローマ・カトリックもプロテスタントも、ともにこの信条を告白しますが、分裂しています。なぜでしょうか。基本的には、「我は……聖なる公同の教会を信ず」――あるいは、ニカイア信条の本来のテキストが語るように「我らは、一つであって聖《きよ》き公同なる使徒的教会を信ずる」の理解が分かれているからです。

ローマ・カトリック対プロテスタント

ローマ・カトリック教会の公式の教えでは、キリストの教会は、バプテスマを受けた信徒であって、教皇と交わりがあり、教えと統治について聖職政治の権威を認める人々の「一つ」の組織体として示されています。「聖なる」というのは、教会は聖人たちを生み出し、また極端な罪から守られるからです。「公同」であるのは、教会が世界全体に広がっており、すべての人に対してキリスト教信仰の全体像を保っているからです。また、「使徒的」であるのは、教会の聖職の秩序が使徒たちから生じたものであり、教会の信仰（マリアの被昇天や無原罪の宿り、ミサにおける聖体拝領、教皇の無謬性《むびゅうせい》などの非聖書的な事柄を含む）は、使徒的な根拠から健全に生まれ育ったものであるからだということです。ローマ教会でないものは、どんなに教会のようなものであったとしても、厳密にはまったく教会の一部ではないのです。

これに対して、プロテスタントは聖書を根拠に挑戦します。プロテスタントによれば、聖書においては、教会はかしらがキリストである信仰者の「一つの」世界的な交わりです。「聖」であるのは、教会が神に対して聖別されているからです（大きな罪を犯す可能性はあるのですが）。また、「公同」というのは、どこにいるとしても、すべてのクリスチャンを含んでいるからです。「使徒的」であるのは、使徒たちの教理を混ぜ物をせずに維持しようと努めているからです。教皇・聖職制、および非聖書的な教理は、単に非本質的なことではないというだけでなく、現実のこととしてゆがんだものです。もし、ローマ教会が教会であるとするならば（ある宗教改革者たちはそのことを疑っていますが）、その余分な教えのゆえにではなく、それにもかかわらず、なのです。特に、無謬性は聖書において語られる神に属するのであって、教会や、教会のいかなる役職にある者にも属するのではありません。また、教会において、あるいは教会によって語られた教えは、「神の書かれたことば」によって、正されなければなりません。[1]

　あるプロテスタントの立場では、「聖なる公同の教会」に続く「聖徒の交わり」の項が、教会が何であるかについて、使徒信条自身が説明しているものであると考えます。すなわち、お互いに交わりを保っているクリスチャンたちそれ自体が、特別な聖職制度に関係なく、教会であるとするのです。けれども、通常、この項はヘブル人への手紙12章22―24節に示されているように、「この地上にある戦闘の」教会と、勝利の教会（訳注――天に召された信仰者の交わり）との間にはキリストにある真の一致があることを確認しているのだとされています。また、この項の元来の意図は、聖なる事柄（みことば・聖礼典・礼拝・祈り）における交わりを示すことであり、教会において神のいのちの真の分かち合いがあるという真理を明確に示すためであったのかもしれません。けれども、教会を制度である以前に交わりであると見る「霊的」な見方は、聖書から確認されます。この項が何を意味していようと、この項に訴えてその点を確認する必要はありません。

新約聖書がプロテスタントの見解を示しているという点については、ほとんど論議の余地はありません（目下の論議は、新約聖書は終結しているかどうかという点です）。教会は三位一体の関係を表しています。すなわち、父なる神の家族として、御子キリストのからだとして、聖霊の宮（住まわれる場所）としてです。また、主の聖礼典が執行され、牧会的な監督がなされているかぎり、決して組織的に一定のあり方が押しつけられるべきではありません。教会は、神が贖《あがな》ってくださり、バプテスマを受けた人々の超自然的な社会であり、キリストがかつて地上に来られたことを感謝をもって振り返り、もう一度来られることを希望をもって待っているのです。「あなたがたのいのちは、キリストとともに神のうちに隠されているのです。あなたがたのいのちであるキリストが現れると、そのときあなたがたも、キリストとともに栄光のうちに現れます」（コロサイ3・3―4）。これこそ教会の現在の状態、将来の見通しです。二つの聖礼典はこの希望を指し示しています。すなわち、バプテスマは最終的な復活をあらかじめ表現しています。主の聖餐《せいさん》は、「子羊の婚宴」（黙示録19・9）を期待しています。

けれども、現在について言えば、すべての教会（ほかを探すまでもなく、コリント、コロサイ、ガラテヤ、テサロニケにあった教会のように）は信仰と道徳の両方において、過ちを犯しやすいのです。そしてすべての面（知性・霊性・組織・礼拝に関して）において、神のことばを通しての御霊による矯正と改革を常に必要としています。

リバイバルについての福音的な神学は、十七世紀・十八世紀に最初に形づくられました。また、今日では「カリスマ運動」が世界規模になっています。その二つの動きのことを考えると、宗教改革時代のローマ・カトリックとプロテスタントの論争が、教理的な真理について集中したあまりに見落としがちだったことを思い起こさせます。つまり、教会はいつも御霊の直接的なご主権に対して、心を開いていなければならないということ、それに、会衆の中で秩序を崩しかねないような動きがあっても、正統的で整然とはしていても死んだような状態よりは、ずっと好ましいということです。

地域教会

教会の状態のリトマス試験紙は、地域の教会にどういうことが起きているかということです。おのおのの教会は、一つの普遍的な教会が、目に見える形で現れているものです。謙遜《けんそん》に、また、おそらくは、栄光を待ち望んで生きつつも、恥を負わされながら、神と人とに仕えるために召し出されたのです。教会は、礼拝と証しのために御霊に満たされ、教会内の人々も、教会外の人々をも同様に、熱心に愛し配慮し、自らを支え、自ら伝道します。そうすることによって、それぞれの教会は、神に背を向けた世界の人々を取り戻すために、神による反撃の先兵として存在するのです。

最後に——あなたの教会はどのように歩んでいますか。

さらに聖書を学ぶために

教会の性質と運命

ペテロの手紙第一2章

エペソ人への手紙2章11節—4章16節

考え、話し合うための質問

- ローマ・カトリック教会の新約聖書の用い方は、プロテスタント教会とどう違いますか。その違いは、教会についてそれぞれの教派が抱いている考え方にどのような影響を与えますか。
- パッカー博士は、「聖徒の交わり」をどのように定義していますか。その意見に賛成ですか。賛成・反対の理由を述べてください。
- 普遍的な教会に関連して、一つの地域教会にはどういう役割がありますか。

（1）英国国教会の規則第20条に言う。

主よ　あなたがもし　不義に目を留められるなら
主よ　だれが御前に立てるでしょう。
しかし　あなたが赦してくださるゆえに
あなたは人に恐れられます。

詩篇130篇3―4節

16 罪の赦し

罪とは何でしょうか。ウェストミンスター小教理問答によれば、「神の律法の遵守の不足または、違反」です。これは、ヨハネの手紙第一3章4節「罪とは律法に違反することです」ということばを反映しています。また、ほかの側面もあります。律法を与えてくださった神との関係では、罪とは違反行為だといえます。正当な支配者としての神との関係では、罪とは反逆です。私たちをお造りになった神との関係では、罪とは的外れです。さばき主としての神との関係では、罪とは罪責です。そして、きよいお方としての神との関係では、罪とは不潔です。

罪は、私たちの生活のあらゆる点において、私たち一人一人に触れてくる悪です。イエス・キリストを別として、人間としてその影響から免れた者は誰《だれ》もいません。罪は行動だけでなく、願望にも現れます。行いだけでなく、動機にも現れます。英国国教会の祈禱書《きとうしょ》は、次のように祈るように正しく教えています。「私たちは、私たち自身の心の計りごとと願望とにあまりにも従いすぎました。……私たちは、なすべきであった事柄をそのままにしてきました。そして、なすべきではなかった事柄をしてしまいました。私たちには（霊的な）健康がありません」

罪は、神の目から見るならば、すべての人にとっての問題です。なぜなら、神の「目は、悪を見るにはあまりにきよ」いからであり、「裏切り者を眺めて」はおられないお方だからです（ハバクク1・13）。しかし、私たちにとって、人生は道徳的な地雷原のようなものであることを知っています。罪を避けようと一生懸命になればなるほど、踏むべきではない所に踏み出してしまい、時すでに遅しということが多くあるのを経験しています。そして、神と隣人に対する愛に関するかぎり、徹底的に打ちのめされてしまうのです。そして、その結果、私たちはどういう状態に置かれるのでしょうか。「人々のあらゆる不《ふ》敬虔《けいけん》と不義に対して、神の怒りが天から啓示されている」のです（ローマ1・18）。

しかし、良い知らせがあります。罪は赦されうるのです。福音の中心は、詩篇130篇4節の栄光ある「しかし」です。「主よ　あなたがもし　不義に目を留められるなら／主よ　だれが御前に立てるでしょう。／しかし　あなたが赦してくださるゆえに／あなたは人に恐れられます」――つまり誠実さをもって、神を礼拝することができます（神を恐れるということばの意味は、こういうことです）。

重要かつ真実なこと

赦しは、個人的な状況においての罪の免除です。あなたと仲たがいをしていた人たち、あなたを傷つけていた人たち、そしてあなたに対して自分の非を認める人たちとの友情を回復することです。赦しは、情け深いことです（悪いことをした人に分不相応の親切を示すこと）。また創造的です（壊れていた関係を新たなものにすること）。そして、必然的に、犠牲的です。神がなさる赦しは、その最高の実例です。なぜなら、神は十字架という犠牲を払って、愛のうちに交わりを回復してくださったからです。

もし、私たちの罪が赦されないままであったとしたら、私たちはどういう状態になるのでしょうか。良心の痛みが、最も一般的な経験です。それは、最もみじめなものです。どんなに外側を変えても、和らげることはできません。起きている間ずっと、ついて離れません。良心的であればあるほど、他人を、そして神を見捨ててしまったという思いが、あなたについて回ります。赦しなしには、平安はありません。もし、良心の意味がその力の限りやってきたら、神そしてその御名においてあなたをずたずたに引き裂いたとしたら、それは、今も死んだ後も、地獄そのものです。

ルターは知っていた

罪のことで苦しんでいたある人が、ルターに手紙を書きました。この宗教改革者自身もこの問題で長いこと苦悩したことがあるので、次のような返事を書きました。「キリストを、それも十字架につけられたキリストを知るように努めなさい。キリストに向かって歌い、こう言いなさい。主イエスさま。あなたは私の義です。私はあなたの罪です。あなたは、私のものであったものを、ご自分のものとされました。あなたはあなたのものであったものを私に下さいました。私がそうでなかった私になるために、あなたはそうでなかったあなたになられました」。パウロのことばと比べてみましょう。「神は、罪を知らない方を、私たちの代わりに罪とされました。それは、私たちが、この方にあって神の義となるためです」(Ⅱコリント5・21)。生ける主、イエスに信仰によってつながりなさい。そのとき、驚くべき交換がなされるのです。イエスの贖《あがな》いの死によって、神はあなたを義なる者として受け入れ、あなたの罪を取り消してくださいます。これが義認であり、赦しであり、平和です。

ローマ人への手紙、ガラテヤ人への手紙におけるパウロも、さらにパウロに続く宗教改革者たちも、赦しよりもむしろ義認について語りました。義認は赦し以上のものだからです。義認は、過去を洗い流すことだけでなく、神に受け入れられること、また未来において義なる人の身分が与えられるという賜物《たまもの》をも意味しています。また義認は、神は決して戻ることはなさらないという決断であって、最終的なものであり、救いが確かであることを基礎づけるものです。それに対して、いま赦しをいただいたと言っても、それは神の忍耐以上のことだとは必ずしも言えないのです。ですから、義認――神のさばきの座の前において公に無罪とされ、神の前の立場が回復されること――は実際により豊かな概念であるのです。

信仰によってのみ

これまで（今日では、変わりつつありますが）、ローマ・カトリックは、現在の義認が決定的であることを理解していませんでした。また、キリストの義（讃美歌作家トップレディーのことばによれば「わが救い主の従順と血」）が義認全体の根底にあることも理解していませんでしたし、人間の側では、義を功績によって獲得するのをやめ、ただ神の恵みによる無代価の贈り物として受け取ることである、ということもわかっていませんでした。そこで、カトリック教会では、聖礼典（秘蹟）、「よきわざ」、そして死後の煉獄《れんごく》での苦しみのすべてが、最終的に神に受け入れられるために必要な手段であると主張しました。それは、それらの手段が神の受け入れの根底にある論拠の一部だからです。けれども、宗教改革者たちは、パウロが語ったように、罪の赦しという決定的なみわざによって、私たちは完全かつ最終的に受け入れられると説教しました。彼らは、このことはただ信仰によってである、と説きました。

なぜ、信仰によってのみなのでしょうか。それはキリストの義だけが、赦しと和解の基礎だからであり、キリストとその賜物《たまもの》はただ、信仰によって受け入れることによって、いただくことができるからです。信仰とは、神に関する真理を信じるだけでなく、キリストに信頼し、キリストが提供してくださるものを受け取り、そして今やあなたのものになったことを知って、勝利をいただくことなのです。

信仰による神の赦しの贈り物は、もうあなたのものになっていますか。理解しそこなわれることがよくあります。ユダヤ人は理解しなかった、とパウロは言いました。ユダヤ人の悲劇は、神に対する熱心によって、自分自身の義を確立しようとした（すなわち、神に受け入れられようと努めた）こと、そして、「神の義に従わなかった」（すなわち、キリストへの信仰によるのみという神の赦しと義認の方法に従わなかった）ことです（ローマ10・2以下参照）。哀れなことに、私たち罪人は、心の芯《しん》まで自己義認的であって、常に自分自身を正当化しています。また、神や人が私たちに対して非難しようとしている重大な事柄について、自分のほうにひどい落ち度があることを認めようとしません。そして、私たちが信仰を働かせることが可能になる以前の時点で、私たち自身のゆがんだ本能を踏みにじらなければならないのです。神は、私たちのこの時代において、ユダヤ人たちの悲劇を繰り返すことから、私たちすべてを救ってくださいます。

さらに聖書を学ぶために

行いではなく、信仰による、キリストを通しての義認

ローマ人への手紙5章、10章1－13節
ガラテヤ人への手紙2章15節－3章29節
ピリピ人への手紙3章4－16節

考え、話し合うための質問

- 罪の赦しとは何ですか。また、個人的な次元において、赦されたものをどうすることですか。
- ルターは「私がそうでなかった私になるために、あなたはそうでなかったあなたになられました」と言いましたが、それはどういう意味ですか。
- なぜ、その罪の赦しは信仰によってのみ与えられるのですか。

しかし、私たちの国籍は天にあります。そこから主イエス・キリストが救い主として来られるのを、私たちは待ち望んでいます。キリストは、万物をご自分に従わせることさえできる御力によって、私たちの卑しいからだを、ご自分の栄光に輝くからだと同じ姿に変えてくださいます。

ピリピ人への手紙3章20—21節

17 からだのよみがえり

聖書は、死――人生でただ一つ確実なこと――を友ではなく、破壊者として見ています。私のからだと霊が分かれるとき、私は、過去の私の単なる影にすぎなくなってしまいます。私のからだは、私というものの一部です。私の自己表現の器官です。からだがなければ、何かを作ったり、何かをしたりという、友と関わりを持つための私の力はすべてなくなってしまいます。からだの機能を十分に用いている人と、からだが麻痺《まひ》している人とを比べてみましょう。さらに、麻痺している人と、完全に知覚を失った人とを比べてみましょう。そうすれば、私が言おうとしていることがおわかりいただけるでしょう。麻痺した人は、ほんの少ししかできません。知覚を失った人は、それよりわずかしかできません。このように、死は、私たちの存在を終わらせることはないにせよ、無力化し、真の意味において破壊します。

死と戦う

死は、基本的な人間の問題です。というのも、もし死が本当に最終的なものなら、放縦な生活以外に何も価値のあることはないからです。「もし死者がよみがえらないのなら、『食べたり飲んだりしようではないか。どうせ、明日は死ぬのだから』ということになります」（Ⅰコリント15・32）。どのような哲学も宗教も、死の問題を解決していないならば、何の役にも立ちません。

けれども、この点において、キリスト教は違っています。世界には、さまざまな信仰や、「主義」がありますが、キリスト教は死を征服されたものと見ています。キリスト教信仰は、事実に基づいた希望だからです。その事実とは、イエスが墓からからだをもってよみがえられたこと、そして、天において永遠に生きておられるということです。希望というのは、イエスが戻ってこられるとき、すなわち、歴史が止まり、この世界が終わるその日、イエスは「私たちの卑しいからだを、ご自分の栄光に輝くからだと同じ姿に変えてくださいます」（ピリピ3・21。Ⅰヨハネ3・2も参照）という希望です。この希望は、イエスが現れるときに生きているクリスチャンだけでなく、キリストにあって死んだすべての人に及びます。「墓の中にいる者がみな、子の声を聞く時が来るのです。そのとき、善を行った者はよみがえっていのちを受けるために……出て来ます」（ヨハネ5・28、29）。そして、からだのよみがえりとは、ただ私の一部ではなく、私の全部が回復することとです。すなわち、神のために、また神と共に、働き、創造し、死ぬことのないいのちを持つ人間として、回復するということを意味するのです。

新しいからだ

信仰者をよみがえらせる際に、神はその贖《あがな》いのみわざを、贈り物をなさることによって完成されます。それは、信仰者の古いからだを何とか接ぎ合わせるというような贈り物ではなく、新しい人にふさわしい新しいからだという贈り物です。神は、新生と聖化の過程を通して、すでに信仰者を内側から新しくしておられます。そして私たちは、今や、それにふさわしいからだを受け取るのです。新しいからだは、古いからだと関連があります。けれども、古いものとは違います。それは、植物が、もともとそこから成長してきた種と関係がありながら、違った存在であるのに似ています（Ⅰコリント15・35－44参照）。私の現在のからだは、アッシジのフランチェスコが「ロバ兄弟」と呼んだかもしれないような、学生の使うぽんこつ自動車のようなものです。どんなに世話をしても、その走りっぷりは心もとなく、決して快調には走れません。何度も私と私の主人とをがっかりさせます（たいへん疲れます）。しかし、私の新しいからだは、ロールス・ロイスのように感じ、動きます。私の奉仕は、決してもう途中で挫折《ざせつ》するようなことはないでしょう。

私のように、あなたも自分のからだを愛しておられることでしょう。からだはあなたの一部であるからです。同時に、そのからだが自分の思うようにならないことに怒りを感じることもあるでしょう。それは当然のことです。そこで、次のことを知っておくのは、いいことです。神がこの地上で私たちに第二級品の肉体を与えられたのは、後に与えられるよりよいからだを管理する準備のためであるということです。C・S・ルイスがどこかで言っているように、馬術を学ぶのに最初に与えられるのは、ごく普通の馬です。準備ができたとき初めて、駆け足をしたり、跳躍をしたりする馬に乗ることが許されるのです。

私の知っていたある低身長症の人は、復活の日に神が用意してくださるからだのことを考え、涙にむせんで喜びました。また、私の知っている他のクリスチャンの方々で、からだのどこかに障害のある方々、衰弱していたり、足が不自由だったり、ホルモンのバランスがとれていなかったり、その他の障害を負った方々のことを思います。そのようなおりに、復活の日が明けたとき、その方々のものとなる、そして、あなたのもの、私のものとなる、この特別な点における喜びのゆえに、涙を共にすることができます。

たましいとからだ

使徒信条のこの部分は、たぶん、人間の希望はたましいの不死であり、たましいが肉体から離れた状態のほうがずっといいとする考え方（キリスト以後三世紀の間、かなり広く受け入れられていた。今日でもないわけではない）を、退けるために加えられたものだと考えられます。「肉体は墓場である」という決まり文句が、この考え方をよく表しています。けれども、物質についての考え方が間違っています（物質は神が造られ、それを喜び、良いと宣言されたのです）。人間についての考え方も間違っています（人間は、自分のした恥ずかしいことの言い訳をするのに、自分のどうしようもない物質的なからだに責任を負わせるようなことのできる高貴な存在ではなく、心とからだとは一つに結びついていて、自分の道徳的な状態が直接そのからだの行為になって表される存在です）。罪によって引き起こされる秩序の混乱は、私の肉体的な欲望が働く様子《ようす》によっても明らかです（これ以上は言いませんが）。しかし、それにもかかわらず、これらの欲望は私の一部であり、その欲望がどんなに積極的に表現されたとしても、私はそれに対して道徳的な責任を引き受けなければならないのです。聖書のさばきの教理によれば、私たちの一人一人が「善であれ悪であれ、それぞれ肉体においてした行いに応じて報いを受ける」（Ⅱコリント5・10）のです。

キリストのように

いつか私たちは、「ご自身の栄光のからだと同じ姿に変え」られるという約束（ピリピ3・20以下）は、私たちにとってのチャレンジです。私たちは心から、キリストのようになるという約束された私たちの姿を歓迎し、喜んでいるでしょうか（Ⅰヨハネ3・2以下参照）。この質問に直面するとき、私たちの真実さが試されます。というのは、人によっては、肉体的な渇望（性的な興奮、睡眠・食事・運動・暴力、アルコールあるいは薬物による高揚した状態、その他に対する）を満足させることが、生きがいとなっています。そして、もしこれらのものが取り去られたら、自分たちには苦痛しか残っていない（あまりにも正直すぎますが）、と感じるのです。そして、この人たちは、このような肉体的な欲望に動かされなかったイエスを「青白いガリラヤ人」と考えるのです。イエスをそのように呼んだ詩人スウィンバーンによれば、このガリラヤ人の息によって、世界は冷たくなったのです。また、D・H・ロレンスはこのイエスを人間らしくしようとして（「人間らしくする」ということばをロレンスは確かに使いました。私が書いたことばとしては、最も無意味なことばですが）、イエスを異教の女祭司と性生活を営んだという想像をしました。このような幻想を抱くと、イエスと同じようになるという考えは、生き埋めの判決を受けたような感じがしてしまいます。さて、あなたも、心の深みにおいて、そのように感じますか。

もしそのように感じているならば、次のことしか言えません。神があなたに示してくださるように求めてください。イエスの生涯はそのからだもたましいも、かつて生きた人のうちで、ただ一人完全に人間らしいものであったのですが、どのようにそうであったかを示してくださるように。そして福音書の中でお会いするイエスに目を注ぎつづけてください。わかるまで、そうしてください。そうすれば、イエスのようになる——それ以下でなく——という期待は、あなたにとって可能な、最もすばらしい、最も高尚な目標であることがわかってくるでしょう。それがわかったとき、あなたは、本当の弟子になるのです。けれどもわかるまでは、――どうぞ私を信じてください。冗談を言っているのではありません――あなたには、何の望みもないのです。

さらに聖書を学ぶために

復活の希望

マルコの福音書12章18―27節
コリント人への手紙第一15章35―58節
ピリピ人への手紙3章4―16節

考え、話し合うための質問

- 死を扱わない宗教は、なぜ私たちにとって価値がないのでしょうか。
- 聖書は、死が征服されることを示すために、どのような証拠を提示していますか。
- 復活した状態について、私たちはどの程度知っていると言えますか。

また私は、新しい天と新しい地を見た。……私はまた、大きな声が御座から出て、こう言うのを聞いた。

「見よ、神の幕屋が人々とともにある。

神は人々とともに住み、人々は神の民となる。

神ご自身が彼らの神として、ともにおられる。

……

神である主が彼らを照らされるので、……彼らは世々限りなく王として治める。


ヨハネの黙示録21章1、3節、22章5節

18 とこしえのいのち

フレッド・ホイルやバートランド・ラッセルのような懐疑論者は、終わりのない未来の生活など考えただけでも恐ろしい、と語りました。退屈だろうから、と言うのです。確かに、この人たちは今の生活にも退屈していました。人間として存在することが、どんなにか永遠に楽しく、価値あるものでありえるかということを想像できないのです。残念な人たちです。これこそ、神なしの生き方の破滅的な結果であり、それによって生み出される暗い悲観主義です。

しかし、すべての現代人がホイルやラッセルのような人たちではありません。死を超越したいという人たちもいます。そこで、死後にも命が存在する可能性の証拠になると考えられるような心霊現象に関心を持つのです。しかし、三つの事実に注目する必要があります。第一に、死者からの「メッセージ」はあまりにもつまらないものですし、自分のことしか考えていないことです。第二に、「メッセージ」は、この世で神に近く歩んだ人たちからはやってきません。第三に、霊媒やその「霊媒を動かすという霊」は、イエスの名が出されると動揺します。これらの事実は、心霊現象というものは、どのように誠実に説明がなされたとしても、「とこしえのいのちという祝福に満ちた望み」（聖公会祈禱書）を調べるためには、まったく役に立ちません。

イエスと共にいることが天国の本質

使徒信条で「とこしえのいのち」と言う場合、それはただ終わりのない存在のことを意味しているのではありません（悪霊や失われたたましいも終わりがありません）。そうではなく、イエスが入られた究極の喜びであり（ヘブル12・2）、イエスはその喜びをイエスに従う者たちもやがての日に受けることができると約束し、祈られました。「わたしがいるところに、わたしに仕える者もいることになります。わたしに仕えるなら、父はその人を重んじてくださいます。……父よ。わたしに下さったものについてお願いします。わたしがいるところに、彼らもわたしとともにいるようにしてください。わたしの栄光を、彼らが見るためです」（ヨハネ12・26、17・24）

イエスと共にいることが、天国の本質です。とこしえのいのちとは何かということが、ここにあります。バニヤンのスタンドファスト氏は、「私は以前にはうわさと信仰によって生きていました。でも、今は、見ることによって生きるその場所へ向かっています。私はあのお方とご一緒するでしょう。あの方と共に過ごすことが私の喜びなのです」と言いました。天において、私たちは何をするのでしょうか。だらだらすることはないでしょう。けれども、礼拝・奉仕・黙想・語り合いがあり、活動・美・人々、そして神を楽しむのです。しかし、何よりも第一番に、私たちは、私たちの救い主・主人、そして友であるイエスにお目にかかり、愛するのです。

終わりのない喜び

ジョン・ニュートンの「アメージング・グレース」に、ある無名の作詞者がもう一節をつけ加えました。その詩によって、このいのちの終わりのない性質が、これほどまでなく鮮やかに語られています。

我らかしこに万年おれり
太陽のように光り輝きつつ
されど、神へのほめ歌を歌う日数は
初めに歌いしときより、いささかも減らず

私は情熱を傾けて書いてきました。この永遠のいのちは私が待ち望んでいるものだからです。なぜでしょうか。この世の生活がいやになったわけではありません。それとは逆です。私の生活は、喜びで満ちています。それには四つの理由があります。神を知っていること。人々を知っていること。神と神のもとにある人が作ったよき、楽しいものがあること。そして、神のため、他の人々のため、あるいは、神の人としての自分自身のために有益な事柄を行うことです。けれども、私がしようとしていることは、私の力を超えています。神や人々との私の関係は、私が願ったようには豊かでも完全でもありません。それに、すばらしい音楽、美しい詩、面白い本、偉大な人物、そして千変万化する自然の秩序の存在から、自分が思っていた以上に多くのものを絶えず発見しています。

私は、年を取るにつれて、神と人々と、よきもの、愛すべきもの、優れたものを、ますます熱心に喜ぶようになっていることがわかりました。ですから、この喜びがずっと続き、何らかの形で、文字どおり永遠に増していくことを考えるのは、本当に楽しいことです（どういう形であるかは、神のみが知っておられます。私はどうなるか楽しみに待っています）。クリスチャンは、おとぎばなしが想像していた未来を、事実として受け継ぐのです。私たち（そうです。あなたと私です。愚かな救われた罪人たちです）は、それからもずっと、幸せに暮らすのです。神の限りないあわれみによって、いつまでも、幸せに暮らすのです。

私たちは、天国での生活を具体的に描くことはできません。賢い人は、そうしないでしょう。その代わり、天国の教理についてじっくりと考えることでしょう。天国は、贖《あがな》われた者がその心で願っていたすべてのことを見いだすところです。彼らの主と共に喜ぶところです。主の民と共に喜ぶところです。すべての挫折《ざせつ》、苦しみが終わったことを喜ぶところです。すべての必要が満たされることを喜ぶところです。子どもに向かって、「もし、お菓子やハムスターが天国でも欲しかったら、そこにもあるよ」と語ったことも、逃げ口上ではありません。天国においては、何か必要を感じたら、願いを感じたら、満たされないままにはならないという真理を証ししていると言えるのです。私たちは実際にどういうものを必要とするのかは、わかりません。ただ、わかっているのは、まず何よりも、私たちは「いつまでも主とともにいる」（Ⅰテサロニケ4・17）ことを必要としています。

よく、私たちは、とても楽しいときに、「このままずっとこうしていたい」と言います。けれども、現実はそうはなりません。ところが、天国は違います。天国の喜びがあなたのもの、私たちのものとなりますように。

さらに聖書を学ぶために

私たちの目的地

ヨハネの黙示録21章1節―22章5節

考え、話し合うための質問

- なぜ、パッカー博士は心霊現象を疑っているのですか。
- なぜ、天国は楽しいところなのですか。あなたは個人的に天国を期待し、待ち望んでいますか。その理由は何ですか。
- 天国の住人は何をしますか。

解説——キリスト教の根幹を正確に理解するために

本書は、英国で生まれカナダで活躍された福音主義神学者Ｊ・Ｉ・パッカー博士の著作である。パッカー氏は、北米で最も影響力のある著名な福音主義者の一人で、数多くの信仰書や神学書を発表している。日本でも何冊かの邦訳があり、その中で『神について』（いのちのことば社刊）は、一九七八年に出版されて以来、多くのキリスト者に愛読されているロングセラーである（二〇一六年に同社から『神を知るということ』という邦題で改訂新訳が出版されている）。

パッカー氏が使徒信条について書かれた本書は、分厚い『神について』とは違い、コンパクトにキリスト教信仰の根幹について、十八章に分けて書かれている。パッカー氏は、本書執筆の意図について「はじめに」にこのように記している。

「使徒信条は、簡略化した道路地図です。多くを省略していますが、キリスト教信仰の主要な点を一目で理解できるようにしてくれます。……キリストに対して人格的な信頼を置くように導きたいと願います。……キリスト教においても……真の知識は、まさしく私たちの人生に生かされるべき神についての知識です。そして、そのための……知識を提供することが本書の目的です」

本書は十八章あるが、①神論、②キリスト論、③聖霊論、④教会論、⑤救済論、⑥終末論と六分野に分類できる。

日本の多くのプロテスタント教会の礼拝プログラムに使徒信条が組み込まれてきた。キリスト者は、この使徒信条を暗誦《あんしょう》して唱えることができるかもしれないが、この使徒信条に含まれている聖書的・神学的内容をどれだけ理解し、把握しているかと問われると、心もとない気がする。元来、使徒たちの教えが要約されている信徒信条は、洗礼式と異端との戦いのために必要とされて成立したといわれている。

主イエスは、マタイの福音書24章の終末大説教の冒頭で、「人に惑わされないように気をつけなさい。わたしの名を名乗る者が大勢現れ、『私こそキリストだ』と言って、多くの人を惑わします」（マタイ24・4、5）と警告された。

確かにキリスト教二千年の歴史の中で、表向きはキリスト教と称しつつ、内実は聖書の教えを曲解逸脱した多くの異端・カルト宗教が出現し、正統的なキリスト教会を脅かしてきた。まさに教会は、誤った教えと絶えず信仰的・霊的戦いを強いられてきた。特に「終わりの時代」とも言われる現代世界においては、惑わしの教えが顕著なので、キリスト教の根幹でもある使徒信条の内容を、キリスト者たちは、正確に理解しておくことが必要不可欠といえる。

使徒信条の内容理解のために本書を個人的に読み、学ぶことは、大きな助けになる。ただ、それだけではなく、本書各章にある「考え、話し合うための質問」を用いて複数人と読書会形式で学び合うことは、もっと有益だ。私は、三浦綾子読書会に初めから関わって三浦作品を何名かと共に読み合い、感想を自由に分かち合うことが想像以上に楽しく、有益であることを実体験してきた。その経験から、本書を教会（成人クラス・祈り会等）や家庭集会、学校内等の小グループで学び合うことを提唱したい。

高齢期を迎えている私は、「かしこよりきたりて」と「からだのよみがえり」についてのパッカー氏の解説に慰められる。「使徒信条の核となっているのは、イエス・キリストの過去・現在・未来に対する証言です。すなわち、過去におけるイエスの誕生・死・復活・昇天。現在におけるご支配。そして、将来いつか、さばきのために再び来られることの証言です。イエスが来られることによって……私たちのからだのよみがえりと、完全な意味での永遠のいのちがそれに伴います。そのときに、新しい宇宙の秩序も始まります。大いなる日がやってきます」（一二三頁）。

本書によって使徒信条の中身を深く理解し、家庭礼拝や教会の礼拝で使徒信条を告白する（唱える）ならば、さらに豊かな礼拝へと導かれ、私たちの心は、キリストにあって希望と喜びに満たされるに違いない。

屯田キリスト教会協力牧師・三浦綾子読書会相談役　込堂一博

本書は、一九九〇年に小社より刊行された『私たちの信仰告白　使徒信条』を、二〇〇八年の改訂版原書に基づいて編集し直し、新たに解説を加えたものです。

J・I・パッカー（James Innell Packer）

1926―2020年。イギリスとカナダで活躍した英国国教会の聖職者。オックスフォード大学を卒業した後、神学者として健筆を振るい、キリスト教界のさまざまな運動に携わった。1979年からカナダのリージェント・カレッジで組織神学を教えた。
邦訳書：『福音的キリスト教と聖書』『神を知るということ』『聖書教理がわかる94章――キリスト教神学入門』（以上、いのちのことば社）など。

稲垣博史（いながき・ひろし）

1941年東京都生まれ。大学卒業後、会社勤務を経て聖書神学舎で学ぶ。卒業後、聖書同盟および日本福音同盟総主事を経て、国外・国内で牧師を務め、現在、岩井キリスト教会国内宣教師、聖書同盟・ＣＳＫ理事長。
訳書：Ｊ・Ｉ・パッカー『クリスチャン生活と十戒』（いのちのことば社）など。

私たちの信仰告白 使徒信条

2023年1月10日発行

著　者　Ｊ・Ｉ・パッカー

訳　者　稲垣博史

印　刷　日本ハイコム株式会社

発　行　いのちのことば社

〒164-0001 東京都中野区中野2-1-5
TEL03-5341-6923／FAX03-5341-6925
e-mail:support@wlpm.or.jp
http://www.wlpm.or.jp

Printed in Japan
乱丁落丁はお取り替えします
ISBN 978-4-264-04403-1

ニュークラシック・シリーズの刊行にあたって

いのちのことば社は創立以来今日まで、人々を信仰の決心に導くための書籍、信仰の養いに役立つ書籍の出版を続けてきました。このたび創立七十周年を迎えるにあたり、過去に出版された書籍の中から、「古典」と目されるものや、将来的に「古典」となると思われるものを、読者の皆様のご意見を参考にしながら厳選し、シリーズ化して順次刊行することにいたしました。聖句は原則として「聖書 新改訳2017」に差し替え、本文も必要に応じて修正します。

今の時代の人々に読んでいただきたい、今後も読み継がれていってほしいとの願いを込めて、珠玉のメッセージをお届けします。

二〇二〇年